Elige ¡estar bien! con mis 1001 tips

ELIGE ¡ESTAR BIEN! CON MIS 1001 TIPS

Pequeños cambios ¡grandes resultados!

Diego Di Marco

EDICIONES URANO

Argentina - Chile - Colombia - España
Estados Unidos - México - Uruguay - Venezuela

1ª edición: Noviembre 2013.

© 2013 by Diego Di Marco
© 2013 by EDICIONES URANO, S.A. Aribau,142, pral.—08036, Barcelona
EDICIONES URANO MÉXICO, S.A. DE C.V.
Avenida de los Insurgentes Sur #1722 3er piso Col. Florida C.P. 01030
Álvaro Obregón, México D.F.

www.edicionesurano.com
www.edicionesuranomexico.com

ISBN: 978-607-9344-12-2

Fotocomposición: Marco Bautista
Ilustraciónes: Mateo Villa
Diseño de Portada y fotografía de Diego: Johnny Lopera

Impreso por Metrocolor de México, S.A. de C.V.
Rafael Sesma H. No. 17, Parque Industrial FINSA,
C.P. 76246, el Marqués, Querétaro, Qro.

Impreso en México — *Printed in México*

ÍNDICE

DEDICATORIA Y AGRADECIMIENTOS

Quién iba a decir que en menos de 2 años y medio estaría publicando mi tercer libro, un libro que soñé desde el primer día que comencé a escribir, un libro con mis **tips** y consejos, esos que me hubiera gustado que alguien me compartiera cuando inicié el camino del bienestar.

Después de publicar mi segundo libro, El ABC para rejuvenecer, sufrí una gran transformación que me ha hecho valorar y agradecer más que nunca a personas puntuales, que son las que me han sostenido en las buenas y malas.

Mi primer agradecimiento y dedicatoria es para México y su gente. Gracias por todas las oportunidades que me han dado, por haberme acogido hace tantos años. Gracias México, me siento orgullosamente mexicano.

En segundo lugar quiero agradecer a mi familia, que desde la distancia siempre han aceptado mis locuras y transformaciones. A mi mami, que me cuida desde donde está y a quien amo y amaré por siempre: Isabel Scozziero. A mi papá, Ángel, un ejemplo de fortaleza, honestidad, emprendimiento y valores. A mis hermanas, Carina, Jaquelina, Ivana y a mis sobrinos que amo, Julián, Ciro, Ornella, Mateo y Joaquín.

En tercer lugar a ediciones Urano que se lanzan conmigo en esta aventura donde hoy voy solo. Gracias Larisa Curiel e Iván Mozó, que más que mis editores son mis amigos queridos. Y a la familia Sabaté, que desde España, son mi apoyo para que este libro permee a toda el habla hispana. Gracias por confiar en mí.

Gracias a mis amigos queridos que permanecen en el tiempo quienes se han convertido en una familia para mí y no se escogen de forma diaria: a Jorge y Carina Poupea; Facundo Díaz, mi gran hermano de la vida; Sandra Alfageme, por tantos años y momentos compartidos, te adoro. Gracias a Tania Lechuga y Ricardo Escoto. Gracias Iván Carreño por ser mi hermano y amigo, juntos hemos vivido grandes momentos por años. A mi amigo Miguel Loera por quererme y siempre estar allí cuando lo necesito.

A Marisol Ancona que fuiste parte importante en la decisión de mi futuro, a Xavier Bay, mil gracias. A Jaime Tacher, porque eres un ser generoso y me ha enseñado mucho sobre ejercicio. Gracias Edgar Hernández por confiar en mí y apoyar mis proyectos. A mi querida y amada guía-confidente: Laura Peralta. A mi admirado Doctor Javier Ruiz. A mi intensa amiga Rebecca Solano, gracias por tanta generosidad.

Un agradecimiento especial a mi adorada Abril Jimenez, por tantos años a mi lado, por tantos momentos, lágrimas y sonrisas, por escucharme, ser mi apoyo y ser paciente conmigo. En poca gente en la vida confío como en ti.

A la empresa Televisa, porque me ha dado la gran oportunidad de pertenecer y comunicar de forma expansiva este mensaje. Gracias a toda la gente, ejecutivos y personal de producción que me apoyan y me hacen sentir en familia. Los quiero.

Y quiero dar un agradecimiento especial a mi amiga y hermana de la vida: Lupita Jones, la reina, madre, primer Miss Universo Mexicana, quien me ha dado tanta alegría y que, en la intimidad, es una gran hermana que me cuida. Gracias por tu generosidad, por abrir caminos y ser mi confidente. Hoy vuelo solo, pero siempre estás y estarás a mi lado siendo mi socia y compañera de locuras.

Diego Di Marco

PRÓLOGO

¡Bienvenido al mundo del BIEN-ESTAR!

Lupita Jones
Primera Miss Universo mexicana, empresaria y actriz.
Co-autora con Diego Di Marco de los libros *Detén el tiempo*
y *El ABC para rejuvenecer*.

Si yo les contara la cantidad de veces que me han preguntado: "Oye, ¿cómo le hago para bajar de peso? ¿Para mejorar mi piel? ¿Para tener un cuerpo más tonificado? ¿Qué dieta me recomiendas?" y un sinnúmero de preguntas más sobre el CÓMO ESTAR BIEN.

Me gustaría que compartieran conmigo esta idea de que "ESTAR BIEN NO ESTÁ DE MODA, ESTAR BIEN ES UN HÁBITO DE VIDA" y teniendo eso en mente considero que será más fácil para todos el convencernos que adoptar un estilo de vida saludable nos trae grandes beneficios y no tenemos que verlo como un gran sacrificio, al contrario, debe ser un placer el saber que cada esfuerzo que realizamos nos acerca a esa meta ideal de vida que tenemos todos.

Y no me refiero sólo a tener un cuerpo delgado, para mí siempre ha estado en primer lugar la salud, y la belleza, es una consecuencia de la salud que cada quien se procura.

Desde que Diego y yo iniciamos juntos la aventura de comunicar salud y bienestar a las personas, nos hemos topado con una gran cantidad de anécdotas sobre cómo todos tendemos a auto sabotearnos en nuestros esfuerzos por estar bien, o lo que es peor, creemos que estar bien llega como "por arte de magia" y por lo mismo el pensar en tener que hacer ejercicio todos los días, se convierte en: *"¡Huy no!, yo no puedo, que flojera"*, dejar de comer lácteos: *"¡claro que no! ¿Cómo crees? ¿Entonces qué voy a comer?"*, dejar de tomar refrescos: *"¿Qué qué? Si no me tomo mi refresco en la mañana y al medio día no funciono"*. El caso es que cualquier pretexto es bueno para continuar con los hábitos de toda la vida que nos han traído enfermedad, molestias y el no estar a gusto con nuestro cuerpo.

Es por todos esos argumentos que mi querido Diego Di Marco ha decidido hacer una selección de sus consejos mas prácticos para compartirlos con todos ustedes, confiando en que entonces si, ya no habrá excusa ni pero que valga para seguir negándote la posibilidad de vivir con salud. Cuando te des la oportunidad de darte cuenta lo bien que te puedes sentir haciendo pequeños cambios en tus hábitos y estilo de vida, sabrás que bien vale la pena el esfuerzo.

Para mí no fue fácil al principio cuando Diego y yo empezamos a experimentar tantos cambios y a reinstalar en nuestro sistema nuevos hábitos de vida. En lo personal soy súper comelona, me encanta y disfruto mucho la comida. Ahora he aprendido a disfrutar otro tipo de alimentos y sabores, incluyendo en mi alimentación productos que ni siquiera sabía que existían como la Quinoa u otras verduras que prefería pensar que ni siquiera eran reales como el betabel o las espinacas, sustituyendo el pan o las tostadas de maíz con tostadas de arroz... Todo esto también es cuestión de creatividad y ganas de hacer las cosas, atreverse, probar y no conformarse con estar bien cuando se puede estar mejor.

Diego y yo somos nuestros propios "conejillos de indias" antes de compartirte nuestros consejos primero los probamos y vemos cómo nos sientan para poder entonces invitarte a adoptarlos y seguirlos. Todo lo que hay en este libro lo hemos probado, experimentado y disfrutado sus resultados positivos. Acepta esta invitación de Diego para que tú también disfrutes de una vida plena y saludable, de una manera práctica y sencilla.

INTRODUCCIÓN

¿QUIÉN ES DIEGO DI MARCO?

Hace algunos años atrás, antes de escribir mi primer libro *Detén el tiempo* junto a Lupita Jones; una gran amiga "Marisol", me preguntó: "Diego, ¿para qué eres bueno, cuál es tu talento natural?"

En ese momento respondí, "mira yo estudié Ciencias Políticas y Relaciones Internacionales, y siempre me he dedicado a la publicidad y comunicación; estudié actuación, conducción, pero yo creo que lo mío es la comunicación y ser publicista, ¿creo?"

Pero esa pregunta permeó en mí muy fuerte, porque en realidad mi verdadero talento desde chiquito, fue la medicina, la salud, el bienestar.

Yo recuerdo que mis abuelos, italianos, me hacían leer las recetas médicas, interpretar los análisis y hasta acompañarlos al médico, siempre me memorizaba las medicinas y las enfermedades. Siempre fui el médico frustrado de mi familia, una típica familia italiana que emigró a un pequeño pueblo de Argentina, hoy ciudad, Casilda.

Desde siempre fui cuidadoso con lo que comía, y gran parte de esto se los debo a mis papás y a mis abuelitos que su cultura alimenticia consistía de verduras, frutas, y carnes magras. En casa no se cocinaba con grasas saturadas y a todo se le ponía limón como aderezo porque no usábamos sal. Mi abuelo Ángelo, a quien le decíamos *Chengue*, además de usar su bicicleta diariamente hasta sus 80 años, tenía una huerta donde siempre había berenjenas, jitomates, calabazas, rúcula, betabeles y zanahorias.

No por nada cuando me preguntan ¿Cuáles son tus alimentos favoritos? Digo, "betabel, berenjena... je." Y es verdad, lo que uno aprende y ancla de niño, se convierte en un hábito de por vida. Yo nunca tuve la cultura de hamburguesas, malteadas ni frituras, y hasta el día de hoy, que me considero un adulto joven, no como nada de eso, ni se me antoja, ni los aromas son atractivos para mí.

Sí, mucho tiempo creí ser "raro", "distinto", hasta que todas estas "rarezas" en mi estilo de vida, en la forma en que comía, pensaba, hacía ejercicio y dormía, las comencé a investigar junto a médicos de todo el mundo y, como resultado de esta búsqueda, nacieron mis dos libros anteriores **Detén el Tiempo** (Ediciones Urano) y **El abc para rejuvenecer** (Ediciones Urano), donde el enfoque era el bienestar pero muy orientado al envejecimiento, al vivir más años con salud y en bienestar.

Pero ¿quién es realmente **Diego Di Marco**? Yo me considero un comunicador, amante del estilo de vida saludable y un excelente triturador de información que siempre está buscando transmitir, desde la práctica, el estudio y la investigación, técnicas y herramientas para vivir con un peso ideal, emociones y pensamientos equilibrados, sin estrés o poco estrés, con un sueño increíble, vivir en bien-estar y en equilibrio. Y sabes qué ¡Sí se puede! Yo soy el claro ejemplo: nunca me duele nada, nunca me enfermo, entreno de lunes a domingo, hago mis programas de televisión, escribo libros, administro mis gimnasios, doy conferencias, atiendo mi oficina, comparto blogs y siempre puedo con más.

¿Pero, como llegué hasta este punto dónde hoy me siento mejor que nunca? Te cuento un poco más...

De bebé fui asmático, lo que hizo que mis papás recurrieran a muchos tratamientos para poder curarme, y sí, desapareció el asma infantil. Al crecer, al igual que muchos de ustedes, estuve involucrado en los deportes. En la escuela primaria y secundaria en fútbol, correr, natación, karate y artes marciales. No era el mejor, pero siempre he tenido esta filosofía: "En lo que no eres bueno, es en lo que tienes que aplicarte" y se lo digo a mis *entrenos*: "¿Te cuesta entrenar pompas? Trabaja muchos ejercicios de pompas y verás".

En la universidad fue cuando realmente comencé a ser consciente de lo que comía y de cómo me afectaban de una forma racional los alimentos, y fue cuando eliminé de mi dieta harinas blancas, –amén de que mi tentación siempre han sido las pastas, pizzas y panes dulces– y bajé el consumo de azúcares. Me costó mucho, pero aprendí a reemplazarlas por diferentes alimentos nutritivos, alimentos enteros, que en verdad le servirían a mi cuerpo como combustible, porque si a tu auto le pones una mala gasolina, tarde o temprano fallará o te pedirá ir al mecánico.

En esa época, correr e ir al gimnasio comenzaron a ser mi pasión y fue cuando mi cuerpo de pesar 67 kilos, comenzó a formar músculos hasta lo que soy hoy, casi 97 kilos, con muy bajo porcentaje de grasa. Leí, estudié, investigué todo lo que se me cruzaba sobre nutrición, deporte, técnicas funcionales aplicadas al ejercicio, y fue cuando descubrí este "hobby" que hoy es mi profesión, gracias a la pregunta de mi amiga Marisol, "Compartir y comunicar Bien-estar".

Hoy que veo tantos años que han pasado, creo que **elegí estar bien conmigo** desde el momento en que mis padres estaban haciendo lo imposible por verme crecer sano. Y volví a **elegir bienestar** cuando pasé de niño a adulto y me preocupaban mis pensamientos, mis emociones y mi cuerpo. Y volví a **escoger estar bien** cuando vi que mi cuerpo ya no tenía ni 20 años ni 30 y, a la edad adulta, las hormonas, la andropausia, el estrés, el peso y las rupturas emocionales comienzan a hacer estragos en tu cuerpo y en tu vida.

Las drogas, el alcohol, el tabaco, las harinas y las azúcares refinadas han estado del otro lado del puente y no han sido mis amigas, ni mis aliadas. Yo considero que esta forma de vivir es una elección, una elección que la podemos hacer consciente o no, podemos escoger sentirnos saludables, fuertes, jóvenes, delgados, con energía, bellos por dentro y por fuera, pero no es gratis, ni es moda, ni es algo para ricos, ni celebridades; es para toda la familia, para todas las personas que quieran vivir bien.

Requiere de sacrificios, constancia, perseverancia, dedicación, pero sobre todo de "querer", de **querer hacer pequeños cambios para lograr grandes resultados.**

Por eso, hoy pongo en tus manos este pequeño libro con 1001 tips, que son mis secretos para **Elegir estar bien contigo.**

Sé que todos estamos cansados de las dietas, de hacer esfuerzos con la comida, de privarnos de todo, de evitar antojos, de pasar días con hambre, por eso aquí tendrás consejos muy fáciles para engañar a tu cuerpo, y a tu mente, y poder comer y vivir sin culpa.

Vas a despertar con más energía porque quiero que juntos entendamos la importancia del sueño y veas lo que podemos hacer para dormir y descansar.

Y no me olvido del bendito estrés, que a muchos ha estado a punto matarnos o arruinarnos la existencia.

Y, si no tienes tiempo de ir al *gym*, o vas pero no sabes qué hacer, yo quiero que tú lleves tu propio gimnasio en tu cuerpo con ejercicios que hasta un abuelito podrá hacer con su propio peso y con elementos que todos tenemos en casa.

Así es, la vida ya es de por sí muy complicada, a veces estamos a las carreras, enojados, estresados, comiendo en la calle lo primero que se nos presenta, por eso estos **tips**, serán tu mejor herramienta, corta, concisa y real para que juntos **elijamos sentirnos bien**. Cada tip está pensado para gente como tú y como yo, que no tenemos tiempo para realizar comidas elaboradas, que no queremos gastar enormes sumas de dinero en el supermercado, que no podemos ir al gimnasio o no nos gusta estar todo el día peleando con una máquina y, para la esposa o el esposo que ronca y no sabemos qué hacer... Todos los tips serán herramientas prácticas para que, desde hoy, comiences a ver cambios en tu vida diaria.

Aquí tienes en tus manos **1001 tips** para que comiences ¡hoy! con un plan nutricional fácil, sin complicaciones; consigas un sueño placentero; bajes tu estrés y desde donde estés hagas ejercicio. Todo lo anterior con tan solo pequeños cambios en tu estilo de vida.

¡Un libro para toda la familia!

Te invito y te doy la bienvenida a mis secretos, mis herramientas, mis consejos, para que juntos **elijamos estar bien** *siempre, para vernos y sentirnos ¡mejor que nunca!*

Diego Di Marco

SUMANDO BIEN-ESTAR

Mientras más años tengo, más ganas tengo de estar bien en todos sentidos... Y me encanta cuando encuentro gente comprometida con su propio bienestar y que decide compartir sus conocimientos y experiencia con los demás para que todos tengamos la oportunidad de vernos y sentirnos bien...

Recomiendo ampliamente este libro porque conozco a Diego y puedo afirmar, sin duda, que es alguien que conoce a fondo lo que se debe hacer para estar bien. Con una forma clara y sencilla de explicar, nos comparte su propia experiencia para que TODOS podamos experimentar en poco tiempo ese bienestar que tanta falta nos hace en esta época, donde el estrés y el día a día tan acelerados, hacen que se nos dificulte encontrar el estilo de vida correcto para lograr vivir la vida al máximo y de la mejor manera de acuerdo a nuestras posibilidades.

Andrea Legarreta
Conductora de TV

La disciplina y la tenacidad son algunas de las características que describen a Diego. El ha encontrado formas diferentes, graciosas y muy divertidas para llamar mi atención y de esa manera no sentir el castigo que para mí era hacer ejercicio.

Veo en Diego una misión muy clara, el poder generar en la gente la conciencia sobre los beneficios y la importancia de que tengamos un equilibrio entre el ejercicio y la buena alimentación, y estilo de vida saludable. Este libro es para mí una forma fácil y divertida para que toda la familia comprenda y viva el estar bien.

Carla Estrada
Productora de televisión

El mundo transcurre muy deprisa y pocas veces prestamos atención al cuidado de nuestro cuerpo, de nuestra mente y de nuestras emociones. No importa la edad que tengamos, el cuidado de nuestro bienestar es esencial. Yo lo vivo día a día con mi vida, mi carrera, la música; si no estoy al 100%, no puedo dar todo lo que llevo y tengo para compartir con mi público. Por eso para mí es importante cuidar mi alimentación, mis horas de sueño, mi descanso, y hacer ejercicio donde me encuentre, o por lo menos, mover el cuerpo.

Admiro mucho lo que Diego Di Marco hace, porque además de ser una persona congruente en su vida, nos ofrece de forma práctica alcanzar el bienestar y nos dice cómo y qué debemos comer, qué pasa con el sueño, con el estrés y cómo podemos hacer ejercicio donde estemos.

Me gusta "Elige estar bien" porque con prácticos tips toda la familia podrá comenzar a cambiar hábitos y eso me reconforta.

Felicito la labor de Diego y me sumo.

Con cariño,

Danna Paola
Actriz y Cantante

¡Elige estar bien! Son simplemente 3 palabras que bien aplicadas pueden transformarse en felicidad en nuestras vidas!

Estoy convencida de que uno es el propio arquitecto de su destino... y está en nosotros elegir nuestra manera de vivir, buscando bienestar.

Y con tan sólo cambiar nuestro día a día con acciones como, activarse físicamente y comer y descansar de manera adecuada, le damos un giro a nuestras vidas, llenándonos de energía, olvidando el estrés y encontrándonos con un Yo diferente.

Para esta tarea diaria, qué mejor que contar con una guía: 1001 razones para continuar esta aventura, dándole la vuelta a lo tedioso de matarse de hambre o de pasar horas en el gimnasio...

Cuando Diego me platicó su idea de compartir sus 1001 tips para llevar una vida saludable me pareció simplemente grandiosa

Son 1001 sencillos pasos que de manera personal me han ayudado y acompañado, corregido mi estilo de vida y han reforzado lo que desde hace tanto tiempo aplico en mi día a día...

Es como tener a tu lado a un consejero, alguien que te motiva a vivir de una manera saludable y sobre todo te hace sentir bien contigo misma.

Diego: Muchas gracias por compartir conmigo y principalmente con los lectores una sencilla y saludable manera de vivir.

Te deseo todo el éxito, porque tu talento es infinito y más si lo enfocas en el bienestar común... ¡Y es que hay más de 1001 razones para leerte...!

Tip 1002: Disfruta cada página de esta maravillosa guía. ¡Mucha suerte!

Marisol González
Conductora de TV y actriz

En un mundo acelerado, en un mundo donde queremos resultados rápidos y somos capaces de gastar fortunas en métodos que resuelvan nuestros problemas aunque sea sólo de manera superficial, en un mundo donde no vemos al otro, pero tampoco nos vemos a nosotros mismos... Diego Di Marco tiene la habilidad de hacernos conscientes, que son justo los pequeños cambios los que provocan grandes resultados, a través de 1001 consejos prácticos y eficaces que al ponerlos en práctica nos llevan a mejorar nuestra forma de comer, de comportarnos, de convivir, de comunicarnos. En pocas palabras, estos 1001 tips, nos conducen a sentirnos bien y a vivir mejor.

Esto no se trata de un acto de fe, sino de tener la certeza de que estos 1001 tips funcionan. ¿Por qué lo sé? Porque conozco y he convivido con Diego Di Marco y soy testigo de su forma sana de vivir, de su sonrisa constante, de su cuerpo sano, de su mente ágil y sobre todo de su gran espíritu, por ello agradezco que a través de este libro comparta con nosotros sus secretos.

Gracias Diego por invitarme a cambiar mis hábitos y crear en mí un mundo mejor.

Martha Carrillo
Presentadora de TV y escritora

Conocer a Diego Di Marco es constatar que es un hombre inteligente, divertido, positivo y, principalmente, *congruente* con lo que enseña y vive; y mira que no es fácil llevar un estilo de vida saludable en un mundo donde se tiene acceso a tantas formas de satisfacción momentánea pero poco saludables.

Creo en su filosofía de vida que lo ha llevado a tener una actitud positiva, siempre creando, innovando y sobre todo *trascendiendo* en la vida de miles de personas que lo ven y lo escuchan en sus amenas conferencias y en los diferentes medios de comunicación donde participa.

Yo he elegido estar bien conmigo y llevar una vida saludable. Sus aportaciones en los libros que ha publicado han influido fuertemente en mi persona a tal grado que he modificado hábitos alimenticios y me he esforzado en seguir con mi rutina de ejercicios.

Diego no escatima en compartir con gran profesionalismo, entusiasmo y creatividad sus conocimientos y ahora lo hace a través de 1001 tips para sentirnos y vernos mejor.

¿Quién dijo que aprender a llevar una vida saludable no es divertido? Diego nos lo demuestra una vez más en este valioso libro que estoy plenamente convencido que cambiará radicalmente tu vida. ¡Disfrútalo!

Dr. César Lozano
Conferencista Internacional
y conductor de radio y Televisión

Lo que más me ha gustado de este gran trabajo que ha realizado Diego Di Marco es la palabra ELECCIÓN. ¿Por qué? Porque estoy convencido que los humanos tenemos la capacidad de seleccionar o escoger qué es lo que queremos de nuestras vidas en la gran mayoría de las situaciones. Inclusive en las más difíciles, alguna vez han escuchado que EL SUFRIMIENTO ES REAL PERO EL DRAMA ES OPCIONAL. ¡Cuánta razón tiene esta frase! Continuamente estamos expuestos a diferentes situaciones y el resultado de ellas depende mucho de la actitud con las que la enfrentemos, y la actitud es una elección.

Pero ¿qué pasa en el ámbito de salud, de verse bien, de comer bien... de estar sano en general? ¿Por qué los humanos elegimos el camino más fácil con falta de ejercicio? ¿De mala alimentación? Muchas de las enfermedades crónicas más comunes se deben a malas elecciones. Por eso felicito a Diego que en este libro nos lleva de la mano y de la manera más fácil y sencilla, a tomar la decisión de elegir estar bien. Nos ayuda a tomar la decisión correcta para estar y sentirnos mejor con nosotros mismos. ¡Es tiempo de ELEGIR estar bien con nosotros mismos!

Dr. José Bandera
Gastroenterólogo

ELIGE ¡ESTAR BIEN!
CON MIS 1001 TIPS

Pequeños cambios
¡grandes resultados!

Los pensamientos se convierten
en acciones, las acciones se
convierten en hábitos y los hábitos
se convierten en resultados.

MEJORA TU ALIMENTACIÓN

1. Hoy es el momento ideal para hacer pequeños cambios en tu forma de alimentarte y alcanzar la salud plena. Será más fácil si comienzas por un tip a la vez. La salud no es casualidad, sino el resultado de buenos hábitos.

2. Antes de iniciar una dieta piensa si sólo quieres bajar de peso o si en realidad quieres cambiar tus hábitos alimenticios para permanecer delgado y saludable por siempre.

3. Al iniciar tu plan alimenticio no permitas que influya el comportamiento de los demás en ti. Para muchos "vivir" consiste en atiborrarse de comida, alcohol y tabaco. Acuérdate que al final el que paga la factura es el cuerpo.

4. Al comienzo de tu plan alimenticio deja pasar al menos dos semanas para pesarte. De ahí en adelante pésate sólo una vez a la semana en ayunas y siempre en la misma báscula.

¡Hola!

5. Evita las dietas de choque, son muy malas para tu salud y después tendrás más peso que el que tenías.

6. Si ves a la comida como algo que satisface tus emociones, tendrás un problema. Si puedes verla como una ayuda y una herramienta para mejorar tu salud y tu longevidad y alcanzar un peso saludable, entonces habrás alcanzado un alto nivel de conciencia.

7. Come sólo cuando tengas hambre, aunque tengas un buffet de mariscos o de dulces, si no tienes hambre detente. Algunos de nosotros tenemos la tendencia de comer cada vez que vemos comida.

8. Hay algunas preguntas que me hago cuando me salgo de control y como desenfrenadamente: ¿Cómo me veo a mí mismo, saludable, enfermo o en proceso?

9. Otras más: ¿Cuándo se trata de alimentos puedo comer con un plan o baso mis opciones en el hambre, la conveniencia y sentimientos? Cuándo se trata de mis opciones de comida me digo a mí mismo constantemente "ya lo haré mejor mañana".

10. Mi premisa para bajar de peso es: En lugar de hacer dieta aliméntate saludablemente.

11. ¿Estás lleno de excusas porque comes alimentos incorrectos? Siempre habrá algún sustituto favorable que permita eliminar de tu dieta los alimentos desfavorables.

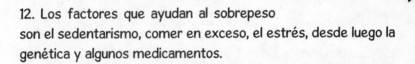

12. Los factores que ayudan al sobrepeso son el sedentarismo, comer en exceso, el estrés, desde luego la genética y algunos medicamentos.

13. Recuerda que a medida que envejeces tu cuerpo cambia así como tu metabolismo. La clave para perder peso es la modificación de tus hábitos alimenticios. Frecuentemente no nos damos cuenta de los cambios hasta que logramos bajar de peso.

14. No comas entre comidas a menos que sea la hora de tu colación a media mañana o a media tarde.

15. Te recomiendo evitar los siguientes enemigos del organismo: azúcares refinados, harinas enriquecidas, grasas saturadas y grasas trans.

16. El hambre no es la manera de perder peso con éxito. Hay que comer sano.

17. No comas en la cama ni en el sillón, a la larga produce que te extiendas a los lados y, al estar en posición horizontal, se dificulta la digestión.

18. Al comer no debes tener actividad intelectual que retire tu atención del plato pues no serás consciente del inicio y el final de tu comida, lo que provocará que tu cerebro no registre la hora de la comida y te pedirá más ingestas en el día.

19. No comas por tensión o ansiedad, ya que puede ser contraproducente porque durante estos estados la corriente sanguínea es desviada, de los intestinos e hígado, a otras partes del cuerpo.

20. Soy consciente de que mantener el peso ideal no es tarea fácil, menos cuando ya pasaste los 27 o 30 años. Pero una de mis reglas básicas es comer con moderación y elegir los alimentos que hayan salido de la tierra directamente. Recuerda que no hay árboles de donas o panes.

21. Se omnívoro, esto es, come plantas y proteínas de animal y haz algo de ejercicio.

22. La inflamación, los cambios en nuestros intestinos, el aumento o disminución de hambre, son posibles signos de cambio en el metabolismo. Tu metabolismo en los 30, 40 ó 50 años, requerirá de la modificación de tus hábitos alimenticios así como del control de la ingesta de calorías.

23. La regla más importante es mantenerte en movimiento.

24. No confíes en los tratamientos milagrosos, píldoras o gotas que en dos días prometen bajar hasta 10 kilos. Estos productos modifican el metabolismo y te afectan hormonalmente.

25. Evita las dietas milagrosas o de moda, en la actualidad hay miles que aseguran funcionar de maravilla, pero lo primero que debes entender es que cada cuerpo es diferente y el tuyo puede no reaccionar igual a la dieta que te recomendó tu amiga.

26. Estas dietas no están diseñadas para reeducar o crear nuevos hábitos alimenticios.

27. Cuando estés de visita en alguna casa y te ofrezcan más de comer, sencillamente di *no gracias.*

28. Utiliza sartenes con teflón y evita el uso de aceite, mantequilla o margarina.

29. Prepara tus alimentos asados, hervidos, al vapor u horneados en lugar de freírlos o empanizarlos.

30. La acumulación de la grasa en el abdomen se debe a la alimentación cargada de grasas, azúcar y a la falta de ejercicio.

31. Actívate, la actividad física diaria es esencial para bajar de peso y para quemar calorías. Participa en actividades que te gusten.

32. Sé consistente a la hora de iniciar un programa de ejercicios. La actividad física regular y la buena elección de alimentos se convertirán en hábitos para que puedas llevar una vida saludable.

33. Mi filosofía es **no hacer dieta.**

34. Siempre recomiendo que hagas una serie de pequeños cambios en tus hábitos alimenticios, ya que no sólo ayudan a perder peso de forma segura, sino que te llevarán a vivir una vida más saludable.

35. Ve al súper después de comer, si vas antes, el hambre te traicionará y comprarás alimentos que no necesitas.

36. Acuérdate que los alimentos sanos no permanecen meses en un anaquel del supermercado.

37. Intenta comer 5 comidas al día. Comer más a menudo evita los atracones y hará que tengas menos hambre a la hora de la comida. También estabiliza el azúcar en la sangre.

38. Los horarios de comida no deben moverse.

39. Te aconsejo que cuando comas descanses los cubiertos cada tres bocados, de esta forma romperás el ritmo de *extractor* y consumirás menos alimento.

40. Si no puedes comer en tu casa, prepara tus alimentos la noche anterior y llévalos a tu oficina, así evitarás salirte de tu dieta.

41. Te recomiendo que después de comer reposes por lo menos 10 minutos. Enseguida procura caminar 15 minutos.

42. Cuando estés en la calle y no tengas opciones de elegir en dónde comer sano, evita las promociones ya que siempre consisten en incrementar el tamaño de la orden por unos pesos de más.

43. No es bueno aguantarte el hambre o estar lapsos largos sin comida debido a que tu cuerpo se activa y empieza a ahorrar grasa. Si ahorras grasa para poder sobrevivir durante el día, ésta se acumulará en tu abdomen.

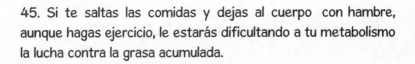

44. Los altibajos bruscos de glucosa hacen que subas de peso o que no adelgaces. Por eso evita dejar lapsos grandes entre comidas pues te provocarán dolores de cabeza, ansiedad y cansancio.

45. Si te saltas las comidas y dejas al cuerpo con hambre, aunque hagas ejercicio, le estarás dificultando a tu metabolismo la lucha contra la grasa acumulada.

46. No dejes pasar más de tres horas sin comer algo nutritivo.

47. Si vas a una reunión donde seguro habrá alimentos que engorden, come antes algunas verduras o algunas frutas. Así no comerás todo lo que te ofrezcan.

48. Come únicamente porciones moderadas de lo que más te agrade.

49. La sal en exceso perjudica tu corazón, aparte entorpece la baja de peso y hace que tu cuerpo acumule líquidos.

50. Comienza el día con un vaso de agua, lubrica los intestinos. Tómatelo antes del café o el té.

51. Toma medio vaso de agua 15 minutos antes de cada comida, este hábito te ayudará a mejorar la digestión y a eliminar la inflamación.

52. Te recomiendo que bebas bastante agua. Con el agua no sólo eliminas toxinas. Si tienes más agua en tu cuerpo te sentirás más saludable y en forma. También te ayudará a sentirte lleno, así que no tendrás la necesidad de comer tanto.

53. Evita los dulces, nada más te dan energía momentánea y tu cuerpo te pedirá cada vez más.

54. Evita el consumo de alcohol y tabaco.

55. Evita la cerveza, ya que la levadura, su principal ingrediente, inflama el abdomen.

56. El 12% de las calorías consumidas al día se utilizan para mantener la temperatura corporal adecuada.

57. No hagas un menú especial para ti, tiene que ser el mismo para todos los miembros de la familia, así los ayudarás a mantenerse esbeltos.

58. Cuando despiertes tómate un vaso de agua tibia con medio limón, esta práctica depura tu organismo y además quita el mal aliento.

59. **Desayuna** diariamente. Es la comida más importante del día.

60. Si tu desayuno es bajo en azúcares y rico en proteínas no sólo apoyas a tu metabolismo a estabilizar la glucosa, sino también a consumir menos calorías al día.

61. Te recomiendo desayunar a las ocho de la mañana, a las once comer una colación, comer a las dos de la tarde, a las cinco comer otra colación y cenar a las siete de la noche.

62. No cenar o cenar mala calidad de nutrientes, provoca que incrementes tu peso.

63. Es necesario ingerir, por lo menos, una porción de fruta en la cena. Yo preparo una ensalada de atún al natural con verduras y trocitos de manzana, ¡deliciosa!

64. Las verduras como cena pueden resultar una muy buena opción debido a que el estómago trabajará con mayor facilidad, además de frenar la

acumulación de grasas. Una ensalada verde, con vegetales de colores, puede ser magnífica.

65. Cuando cenes no te vayas de inmediato a la cama, ya que favorecerás el reflujo gastroesofágico.

66. Mantén un registro de lo que comes. Las personas que registran lo que comen al menos 5 días a la semana pierden más peso que aquellas que no lo hacen.

67. Pon atención a qué, cuánto y cuándo estás comiendo. Yo tengo en mi refrigerador una tabla donde llevo mi registro de alimentos.

68. Acompaña tus comidas con té, de preferencia verde, negro, rojo y blanco. Bajarás de peso y un sinfín de beneficios. Este tipo de tés contienen antioxidantes.

69. Una dieta vegetariana es muy saludable, sin embargo las investigaciones han demostrado que a menudo faltan minerales vitales que vienen de comer carne. Si intentas volverte vegetariano come carne los fines de semana.

70. Elimina los alimentos enlatados.

71. Elimina los alimentos capeados.

72. Elimina los condimentos en tus comidas pues hacen que retengas líquidos por sus altos índices de sodio.

73. Evita los alimentos que te produzcan acidez estomacal ya que desequilibran tu porcentaje de grasa corporal.

74. Para mejorar tu digestión mastica tus alimentos por los menos 20 veces.

75. Depura tus intestinos comiendo verduras. Debes evacuar, mínimo, 2 veces al día.

76. La mejor forma de garantizar un platillo saludable es llenarlo de colores con frutas y verduras.

77. Elimina de tu alacena los alimentos que engorden.

78. Por 5 días no consumas leche, queso y sus derivados, te sentirás mucho mejor.

79. Intenta reducir la ingesta de lácteos en tu dieta diaria.

80. Los alimentos grasos y procesados sobrecargan tu sistema digestivo convirtiéndolos en azúcar, lo que provoca que la energía natural baje.

81. Toma agua varias veces al día, no te tomes un litro en 5 minutos. Así bajarás más rápido de peso.

82. Cuando comas no tomes líquidos muy fríos, entorpecen la digestión y la separación de nutrientes y grasas.

83. Come en platos pequeños, así evitarás comer más, ya que visualmente si el plato es grande y la porción es normal se verá muy pequeña y te servirás más.

84. La palabra "azúcar" viene del árabe hispánico *ass-súkkar*. En Persia en el año 600 d.C. el azúcar se consideraba una escasa y preciada droga milagrosa, un sedante que se administraba con muchísima prudencia. Pero este antiguo remedio se ha convertido, en nuestros días, en veneno refinado que, aparte de engordar, inflama el abdomen.

85. Endulza el té y el café con miel de abeja o miel de agave. Evita el azúcar refinado y los endulzantes artificiales.

86. Antes de comer siempre bebo un té tibio con limón natural. El té relaja mi sistema digestivo y me sienta mejor la comida. Te recomiendo que lo hagas.

87. El azúcar y la harina atrofian la visibilidad.

88. Sustituye el arroz blanco por arroz integral. El arroz integral evita y controla el colesterol, la diabetes y el estreñimiento.

89. Si comes arroz que sea integral o arroz salvaje.

90. Tus papilas gustativas no pueden distinguir entre los azúcares naturales (los que se encuentran en las frutas y verduras) y los procesados. Los alimentos que contienen azúcar natural tienden a ser ricos en nutrientes.

91. Los hábitos alimenticios afectan la capacidad mental. La glucosa es el combustible y, si es de mala calidad, el cerebro se satura de contaminantes lo que hace que pienses con menos claridad.

92. Muchos de los alimentos que contienen gran cantidad de azúcares como las galletas, el pan o las pastas, proporcionan mayor azúcar al cuerpo que los alimentos naturales. A estas calorías se les llaman "calorías vacías".

93. Hay que evitar estas calorías vacías que nada aportan.

94. Elimina o baja tu consumo de refrescos.

95. Los azúcares que yo dejaría de lado o tendría mucho cuidado al consumirlos son: el azúcar morena, que no es azúcar integral, ya que ésta no se limpia a fondo y queda mezclada con la melaza, y el azúcar morenizada pues, evidentemente, se trata de azúcar blanca a la que le ponen colorante oscuro. Desde luego esto es un engaño al consumidor.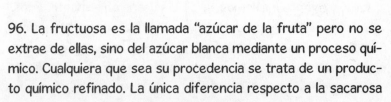

96. La fructuosa es la llamada "azúcar de la fruta" pero no se extrae de ellas, sino del azúcar blanca mediante un proceso químico. Cualquiera que sea su procedencia se trata de un producto químico refinado. La única diferencia respecto a la sacarosa

(glucosa más fructuosa) es que no eleva tan bruscamente la glucemia en sangre debido a la ausencia de glucosa, esto la hace más tolerable para los diabéticos. Yo preferiría que la consumas con moderación.

97. Los productos refinados son los más nocivos y los que más engordan. Si lees las etiquetas te darás cuenta que ciertos aderezos, mostazas y mayonesas contienen jarabe de maíz o isoglucosa y glucosa o dextrosa. El jarabe de maíz es un producto similar a la fructuosa pero más procesado para que endulce los alimentos, también puede ser transgénico. La glucosa o dextrosa es un producto químico casi puro y se obtiene del almidón de la papa. Se usa como aditivo en golosinas y otros productos. ¡Lee las etiquetas!

98. Hay algunos sustitutos que me gusta usar para reemplazar el azúcar, como la miel cruda, sólo para usarla en alimentos fríos. La miel cruda es un producto natural antibacteriano y antiviral. Su consumo debe ser moderado. Asegúrate que su preparación haya sido artesanal y de manera natural, es decir, sin proceso químico alguno.

99. El azúcar integral de caña se obtiene del jugo de caña evaporado por calentamiento, de esta manera conserva los minerales, los oligoelementos y las vitaminas de la caña de azúcar, a la que podemos considerar integral. Ésta debería ser nuestra mejor opción si queremos ingerir azúcar. La podemos encontrar en la jalea de betabel.

100. La melaza orgánica es un buen sustituto del azúcar. Este líquido es un subproducto del proceso de refinado del azúcar, es dulce y alto en minerales. Es recomendable si es natural.

101. El azúcar tiene un efecto inhibidor sobre la secreción de los jugos gástricos. Esta es la razón por la que comer dulces antes de ingerir los demás alimentos puede echar a perder el apetito.

102. ¡No consumas dulces antes de tus alimentos!

103. Si consumes muchas grasas, productos procesados y azúcar artificial, tu hígado se esforzará y no podrá procesarlos.

104. El jarabe o sirope de arce o miel de maple es un dulce fabricado a partir de la savia del arce, y el jarabe o sirope de manzana se obtiene por cocción y concentración de jugo de manzana hasta que adquiere una consistencia melosa. Ambos son excelentes alternativas para endulzar los alimentos.

105. Uno de mis endulzantes favoritos es la stevia. Esta hierba se ha convertido en el endulzante favorito de muchos profesionales de la salud, ya que tiene muy poco efecto en el organismo y tiene cero calorías.

106. Usa la stevia con moderación y recuerda que siempre tienes que leer las etiquetas porque algunas veces la mezclan con químicos.

107. Cuando descubrí el azúcar de coco quedé fascinado. Este azúcar está hecha de flores de coco, tiene una baja carga glucémica y es mínimamente refinada. Tiene un alto contenido de minerales y vitaminas del grupo B, aparte funciona bien en la cocción.

108. Cuando se te antoje algo dulce prueba el néctar de agave como endulzante natural. El agave es un derivado de la planta del maguey. El néctar de agave tiene un bajo índice glicémico, lo que significa que tiene sólo un pequeño efecto sobre los niveles de insulina y de glucosa en la sangre. La consistencia es similar a la miel de agave y es más dulce que el azúcar de mesa.

109. Consume también arándanos, manzanas o sandía para que sustituyas el azúcar artificial por el azúcar natural.

110. Cuando estés a punto de comerte un dulce o unas papas, piensa lo que le sucederá a tu organismo. A la larga el cuerpo te cobra la factura.

111. Mi premisa es: Llena tu vida de alimentos saludables.

112. La clave para bajar de peso saludablemente es disfrutar de alimentos nutritivos de forma consciente.

113. Algunas consecuencias de una mala alimentación no sólo son el aumento de peso, sino también el aumento del colesterol y de la presión sanguínea y la acumulación de grasas que se depositan en las arterias produciendo con el tiempo problemas cardiovasculares y mayores posibilidades de sufrir diabetes.

114. Los nutrientes en nuestra dieta son esenciales para tener una buena salud, la falta de éstos trae problemas físicos y emocionales. Por ejemplo, la falta de hierro genera anemia y con ella dolor de cabeza y mareos y también lo que hoy en día es muy común: la fatiga crónica y los dolores musculares.

115. El 40% - 45% de tu dieta debe ser carbohidratos. Es un mito que se deben evitar los carbohidratos cuando estás a dieta ya que son una fuente de energía inmediata.

116. El 35% - 40% de tu dieta debe ser proteína. La proteína te mantiene saludable.

117. Las grasas deben ser sólo el 15% -20% de tu dieta.

118. A muchas personas les funciona contar las calorías, te recomiendo que revises las etiquetas de cualquier producto envasado.

119. Yo leo las calorías que consumo en un alimento y luego las comparo con las que gasto en hacer ejercicio.

120. Algunos alimentos pueden causar reacciones en nuestro cuerpo como inflamación o malestar estomacal. Debes vigilarlos. Te recomiendo que cuando sospeches de un alimento lo consumas un par de días y, si el malestar sigue, mejor lo evites.

121. La digestión es un paso muy importante para lograr un adecuado funcionamiento del cuerpo. Te recomiendo que no bebas agua mientras comes, ya que si tomas demasiada, puedes diluir los jugos gástricos que terminan perdiendo su poder de ataque sobre los alimentos.

122. Comer despacio antes era una buena costumbre que la vida cotidiana ha dejado en el pasado. Ahora la gente devora la comida con gran rapidez, lo que es pésimo para la salud, ya que no se muelen bien los alimentos que se están ingiriendo.

123. Mastica despacio, si no, los intestinos tendrán una tarea más pesada, lo que provoca la mala digestión, el intestino irritable, la inflamación y los gases.

124. Seleccionar los alimentos es fundamental para el control de peso y para generar hábitos alimenticios correctos.

125. Eres lo que comes; consume frutas y verduras, cereales, pan integral, pastas y proteínas magras.

126. Comer frutas y vegetales crudos benefician la digestión, mejora la calidad de piel, reduce los riesgos cardiovasculares, evita la diabetes y favorece la baja natural de peso.

127. No olvides comer mucha fruta, ya que proporciona un sinfín de vitaminas, fibra y agua.

128. Si no tienes a la mano frutas frescas, puedes comer deshidratadas. Pueden ser pasas, piña o manzana. Siempre ten en cuenta que no sean glaseadas ni pasadas por tratamientos químicos.

129. Come plátano, mejora el nivel de potasio, previene la fatiga y evita el dolor de las articulaciones y los calambres.

130. El melón, la piña y un poco de miel son buenos para acelerar el metabolismo y quemar grasa, debido a que tienen propiedades desintoxicantes.

131. Si sufres de intestino lento o perezoso, come piña y durazno. Estas frutas juntas tienen propiedades diuréticas, ya que son ricas en vitamina A, C, B1, B2, B3, potasio y fósforo.

132. Con el ritmo de vida que llevamos en las ciudades es necesario hidratarnos. Prepárate un licuado de papaya, piña, sandía y plátano. Además te servirá para aliviar el estreñimiento.

133. La toronja es una fruta magnífica por su potencial diurético, mezclada con medio nopal es excelente para inhibir el hambre, ya que deja la sensación de saciedad.

134. Si sufres de gastritis te recomiendo que identifiques cuáles alimentos ayudan a que no te sientas mal. Te recomiendo tener como aliados a la manzana, a la pera, al plátano, al melón y al durazno. También es bueno que tomes bastante agua de coco.

135. Si eres adicto al refresco y ya intentaste dejarlo y no puedes, trata de tomar medio vaso de jugo de naranja con agua mineral. De esta forma proporcionarás a tu cuerpo la sensación de saciedad y, desde luego, contiene menos calorías.

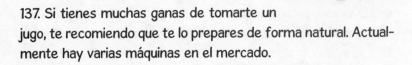

136. Come frutas frescas en lugar de beber jugos de frutas envasados. Los jugos son, a menudo, endulzados con azúcar y la fruta fresca tiene azúcares naturales. Evita las bebidas endulzadas especialmente las sodas, refrescos, gaseosas. Son pura azúcar.

137. Si tienes muchas ganas de tomarte un jugo, te recomiendo que te lo prepares de forma natural. Actualmente hay varias máquinas en el mercado.

138. Para tus jugos escoge frutas alcalinas como manzanas y uvas. Las frutas alcalinas quitan la acidez de tu cuerpo, tu piel luce más tersa y suave.

139. Come siempre frutas frescas en lugar de enlatadas, las procesadas no tienen tanta fibra como las frescas.

140. Come de preferencia toda la fruta y verdura que te sea posible antes de las seis de la tarde.

141. Para bajar de peso primero hay que desintoxicar el cuerpo. Consume espinacas, acelgas o brócoli. Son alimentos altos en fibra.

142. Para depurar tu organismo puedes preparar un licuado de toronja y sandía. Este licuado te ayudará a bajar de peso y tendrás también la sensación de saciedad.

143. Para eliminar las toxinas y las grasas de tu organismo puedes preparar un licuado de guayaba, melón y piña.

144. Cuando cambias tus hábitos alimenticios puedes sentir algún tipo de malestar como mareos, náuseas o un leve dolor de cabeza. Es normal, ya que significa que tu cuerpo se está depurando de contaminantes.

145. Para desintoxicar tu cuerpo prueba el betabel. Yo preparo un licuado de betabel con naranja por las mañanas. Te lo recomiendo ampliamente.

146. Por causa de una mala alimentación el cuerpo empieza a tener deficiencias y, los excesos, hacen que diversos residuos se peguen en las paredes de nuestros intestinos pero, al quedar pegados, no permiten la absorción de nutrientes. Por ende, nuestro cuerpo no se limpia, tampoco se desintoxica y no puede asimilar los nutrientes.

147. Todo nuestro cuerpo es muy importante, sin embargo el hígado es el responsable de desintoxicar al organismo de todo lo que ingerimos. Realizar cambios en el estilo de vida y alimentación es la clave para su buen funcionamiento.

148. Trata de consumir verduras crudas o cocidas 2 veces al día, te ayudarán a evacuar por su alto contenido de fibra.

149. Aprende a comer sano y rico. Una buena ensalada de verduras de color con atún, salmón o pavo, puede achicar tu cintura.

150. Cuando comas ensaladas aderézalas con aceite de olivo y limón, poquito de sal de mar. Nunca con mayonesa o aderezos comerciales.

151. Trata de comer proteínas vegetales como chícharos o frijoles, son excelentes para tu salud.

152. Si necesitas más energía consume jitomates, col, ajo, champiñones, frijoles, zanahorias y semillas de lino.

153. Comer col es una excelente alternativa, ya que es buena para desintoxicar el organismo, además es rica en betacaroteno, vitamina C, E, calcio y antioxidantes.

154. La ventaja de comer los vegetales crudos o cocidos al vapor es que contienen menos ácidos grasos saturados por lo que facilitan la baja de peso.

155. ¿Te acuerdas de aquel personaje que comía espinacas para ser fuerte? Sigue su ejemplo, ya que estos vegetales contribuyen a que consigas mayor fuerza y masa muscular.

156. Si tu abdomen no desaparece come más aguacate, ya que ayuda a eliminar la grasa.

157. Consume vegetales verdes, ya que son ricos en hierro. Evitan la fatiga y el estrés.

158. Agrega pepino y tomate a tus ensaladas. Esta combinación es antioxidante por su contenido en vitaminas C, B1 y B6. También contienen minerales como zinc, magnesio y potasio.

159. El colesterol alto es consecuencia del sobrepeso y por eso es muy importante combatirlo de manera natural. Prepárate un licuado de pepino con piña y bébetelo como agua de uso.

160. Para desinflamar el cuerpo cómete una ensalada de lechuga, pepino, apio, jitomate y zanahoria. También es buenísima para prevenir el aumento de peso.

161. Por sus altos niveles de fibra y bajos en grasas, el nopal puede ser una opción en tus comidas. Evita que la sangre absorba grasas malas y ayuda a digerir otras que deben ser absorbidas por el cuerpo.

162. Compra verduras crudas, nunca pre-cocidas, ya que están sometidas a tratamientos de conservación y, además, pierden la mayoría de sus propiedades.

163. Trata de comer lechuga todos los días, limpia el cuerpo por su alto contenido de agua y vitamina K que purifica la sangre. También contiene ácidos grasos Omega 3 los cuales ayudan al cerebro e incrementan la salud mental y del corazón.

164. Si vas a comerte una ensalada con pollo primero cómete el pollo, después la lechuga y, por último, las nueces o granos.

165. Cuida lo que comes, a veces las guarniciones son mejores que el plato principal.

166. Cómete un bocadillo de verduras si tienes que realizar una merienda.

167. El perejil es un excelente acompañante para las comidas. Aparte es rico en vitaminas y te mantiene el aliento fresco. Yo lo uso en licuados y jugos naturales.

168. En la noche no comas cereales, leche o pan de dulce. Reemplázalos por una rica ensalada de atún al natural con jitomate. Amanecerás más liviano.

169. Deja 2 semanas de consumir alimentos que contengan gluten como el trigo, la cebada o el centeno, verás lo bien que lucirá tu cuerpo.

170. La única forma de verte bien y bajar de peso, es disminuyendo el nivel de carbohidratos y elegir comer pavo, pollo y pescado sobre otras carnes.

171. Busca el equilibrio en tus alimentos. Evita la carne de cerdo, es mejor la de pollo y el pescado. Si te es muy necesaria la carne cómela sólo una vez a la semana.

172. La reducción de consumo de carne roja es importante, ya que la ingesta excesiva aumenta los niveles de colesterol malo y altera de forma negativa las condiciones cardiacas.

173. Cuando comas consomé de pollo o tengas que consumir alguna sopa, asegúrate de desgrasarla con una cuchara distinta a la que usarás para comer o con papel absorbente.

174. La regeneración de la piel también se afecta por nuestra alimentación. Podemos ayudarla si consumimos zinc. Lo podemos encontrar en la carne, en el pescado, en las sardinas, en los mariscos, en las algas, en las setas, en las nueces y en los cereales integrales.

175. Reduce el consumo de carne de cerdo, así como sus derivados. Esta carne no te ayuda a bajar de peso.

176. La sal en exceso perjudica la salud.

177. Aléjate de las papas fritas, contienen aproximadamente 10 cucharas de aceite y una y media de sal.

178. La alimentación puede ser tu aliada para mejorar la memoria, te recomiendo que consumas salmón, atún, linaza, chía, nueces, arándanos, brócoli, zanahorias, tomates, uvas, hierro, vitamina B12, B6 y C.

179. En los últimos 50 años los investigadores han demostrado que la alimentación diaria sin suplementos no basta para suplir las necesidades del cuerpo.

180. Para que tengas energía y puedas realizar todas tus actividades te recomiendo que consumas tiamina. Esta vitamina está en los cereales, las legumbres y las nueces. Además ayuda al sistema nervioso a mantener la paz.

181. Consume Tiamina B1, sus principales funciones son: Favorece el metabolismo energético, mejora el estado de ánimo y la actitud. También beneficia al sistema nervioso y favorece la musculatura. Puedes encontrar esta vitamina en los cereales integrales.

182. La vitamina B2 (riboflavina) también es muy buena. Intégrala a tu alimentación. Se encuentra en la carne y en el huevo. Favorece al sistema nervioso, energiza el metabolismo y, a su vez, libera la energía. También fabrica la sangre y ayuda como antioxidante.

183. La vitamina B3 (Niacina) favorece al metabolismo, la circulación, controla la presión arterial y provoca el apetito. Se encuentra en la carne de las aves, en el huevo, en el pescado, en las nueces y en las semillas.

184. La vitamina B5 o ácido patogénico se encuentra en el arroz integral, en el huevo, en las nueces y en la carne de pollo. Esta vitamina ayuda a fabricar los glóbulos rojos y a equilibrar las hormonas.

185. La vitamina B6 la puedes encontrar en la carne de las aves, en los mariscos, en el plátano y en la soya. Su principal función es mejorar los sistemas nervioso e inmunológico. También mejora el metabolismo.

186. Las funciones principales de la vitamina A son: Favorecer el crecimiento y desarrollo corporal, beneficia el sistema inmunológico y ayuda a la formación y mantenimiento de la piel y las mucosas. Se encuentra en los siguientes alimentos: Leche, manteca, queso y en las yemas de huevo.

187. Si tu consumo de vitaminas se acompaña de una alimentación adecuada y sana, además de perder peso, estarás fomentando un escudo antilíneas de expresión y lozanía en tu piel.

188. Un vaso de jugo de naranja 100% natural es rico en vitamina C, potasio y otros nutrientes maravillosos. Un refresco de naranja sólo proporciona calorías provenientes de azúcares agregados. Te sugiero tomar agua de frutas de la estación sin azúcar.

189. La vitamina D es indispensable para que el cuerpo procese el calcio. La puedes obtener comiendo huevo y pescado, y a través de la exposición al sol.

190. El fósforo constituye el 1% del peso corporal. El otro 99% está ligado al calcio y forma, a su vez, el fosfato de calcio. Puedes encontrarlo en aves, leche, pescado y verduras.

191. ¿Estás cansado y sufres de calambres? Te hace falta potasio. El potasio promueve el desarrollo muscular y lo puedes encontrar en los alimentos como el aguacate, el arroz, las berenjenas, el plátano y las naranjas.

192. El zinc estimula aproximadamente más de cien mil enzimas. Ayuda al buen funcionamiento del sistema inmunológico y a la cicatrización de heridas.

193. El yodo ayuda a regular la energía y a tener un buen funcionamiento celular. Además ayuda a quemar la grasa que está de más en nuestro cuerpo. El ajo, las algas marinas y los mariscos son ricos en yodo.

194. El alto consumo de pan blanco produce estreñimiento y aumento de peso, cambia tu pan blanco por integral.

195. Para mantenerte delgado y protegerte de la diabetes es conveniente que sustituyas el pan o el puré de papa por una porción de lentejas, ya que son ricas en fibra.

196. Cambia tu rol de canela o tus donas azucaradas por dos rebanadas de pan integral tostado. De esta forma comerás fibra y no consumirás tanta azúcar.

197. Aprende a leer las etiquetas de los empaques de pan.

198. Juega el juego de los nombres. Comprueba en la parte frontal del paquete las palabras tales como "trigo" o "grano entero100%". Para que se puedan utilizar estas palabras en una etiqueta, el pan se debe hacer con "todo" el grano incluyendo el endospermo, el germen y el salvado.

199. El pan refinado, a menudo llamado "pan de trigo" no es pan de grano entero porque el germen y el salvado que proporcionan la fibra, se eliminaron cuando se procesa la harina.

200. Busca señales. Algunos paquetes de pan "saludable" tienen un sello de grano entero 100% en la parte frontal del paquete.

201. No dejes que el color te engañe. Algunos fabricantes hacen pan integral mediante el uso de colorantes. Por lo tanto, no asumas que todos los panes marrones son de grano entero.

202. Busca la lista de ingredientes. Para un pan integral 100%, el grano va a ser el ingrediente en la lista. (Trigo integral, cebada de grano entero, etc.).

203. Consume los granos hechos de fibra. Lee la información nutricional y selecciona un pan integral que proporcione al menos 3 gr. de fibra por porción.

204. Trata de comer frecuentemente pan de grano entero, arroz integral, avena en grano, roscas de pan de trigo integral y tortillas de maíz o de nopal. También tortillas u obleas de centeno o arroz integral y camotes o papas con todo y cáscara.

205. En ocasiones puedes comer hot cakes caseros, magdalenas y galletas.

206. El aceite de cocina comercial provoca un aumento de peso significativo, es recomendable reemplazarlo por aceite de coco u oliva.

207. Consume aceite de coco, ya que contiene un ácido graso que eleva la metabolización de grasas. Si lo utilizas para cocinar te ayudará a bajar de peso.

208. Si sigues cocinando con aceite común no reutilices el aceite que usas para freír ya que, al recalentarlo, se crea una producción de sustancias que se asocian con enfermedades como el cáncer.

209. La avena es mi mejor aliada para el desayuno, me da energía y se digiere rápidamente. Compra avena de grano grueso y ponle leche de arroz o almendras.

210. Para prevenir enfermedades consume Omega 6, lo puedes encontrar en aceites vegetales como los de maíz, girasol y soya, así como en el huevo y la carne.

211. Para nivelar el colesterol consume Omega 9, lo puedes encontrar en el aceite de oliva, y en semillas como la colza, cánola y mostaza. También en las nueces, aceitunas, almendras y avellanas. Toma en cuenta que el consumo de este omega no debe sobrepasar el 5% del total de grasas comestibles que se deben ingerir diariamente.

212. Cuando el nivel de la sensación de bienestar químico serotonina en el cerebro disminuye, el cuerpo siente hambre, y para protegerse a sí mismo, comienzan las ansias por carbohidratos, pasteles, papas, donas, etc.

213. La raspadura del piloncillo o piloncillo es jugo seco de la caña de azúcar, sin refinar, su sabor es especial, pero con poco se puede endulzar mucho.

214. Aunque el café es considerado como un buen estimulante, tiene diversos efectos secundarios como la irritabilidad, la gastritis, la ansiedad, el insomnio y la taquicardia. Bébelo con moderación.

215. El café proporciona grandes beneficios pero, en exceso, fomenta el incremento de los niveles de cortisol (hormona del estrés) la cual acelera el envejecimiento, la deshidratación y, además, opaca la piel.

216. Puedes tomarte tu café o té a media mañana, éstos por sí mismos son inofensivos, el problema está cuando se le agrega la crema o el azúcar.

217. Tomar una taza de café con crema es tan malo como comer un pedazo de pastel de chocolate.

218. El café o el té negro en realidad pueden ser buenos pero, personalmente, me gustaría recomendar el té en lugar del café. La cafeína no es buena ya que es un alcaloide y puede afectar a otras funciones del cuerpo. Yo tomo té verde sin cafeína.

219. Si lo que quieres es ganar músculo, incorpora en tu alimentación la quinoa. Esta semilla no es un cereal y se destaca por su elevado contenido en proteínas de alto valor biológico, es rica en lisina y metionina. Las semillas de quinoa pueden prepararse de diversas formas y también puedes agregarlas a ensaladas o como guarnición de un plato de carne o pescado.

220. Los frijoles negros son ricos en proteína y con sólo una taza estarás ingiriendo una gran cantidad de proteínas, muchas más que con la carne roja.

221. Come pistaches, ya que son buenos para combatir el colesterol. Reducen las enfermedades cardiacas, además aportan al

organismo calcio, vitamina A y minerales como hierro, potasio, fósforo y magnesio. Sólo recuerda moderar su consumo.

222. Disfruta de las semillas de calabaza sin sal. Su consumo te ayudará a desinflamar los intestinos y a controlar el colesterol.

223. Para ayudar a la desintoxicación celular y al colesterol come semillas de girasol, ya que son ricas en vitamina E, magnesio y fósforo entre otros.

224. Di **no** a los cacahuates que vienen en paquete, pero di **sí** a los que están aún en su cáscara para que los puedas pelar. El cacahuate nutre y cuida la piel. Además previene enfermedades cardiacas y el colesterol.

225. Te recomiendo una colación de palomitas de maíz con semillas. Comer semillas mixtas es muy bueno, sin embargo tienen una gran cantidad de calorías. Por eso es necesario combinar nueces, almendras y pistaches con palomitas naturales de maíz. Así consumirás menos calorías y tu hambre se calmará.

226. Una dieta alta en grasas saturadas (leche entera, carne roja y queso) puede impedir la captación de ácidos grasos esenciales que se requieren para un buen funcionamiento sano del corazón, el sistema inmunológico y la salud mental.

227. Cambia la mantequilla por una sin grasa o por mantequilla de coco. Su sabor es el mismo y es más saludable.

228. Si estás embarazada o ya tienes planes de tener un bebé, come alrededor de 3 porciones de alimentos ricos en hierro.

229. Los problemas digestivos hacen que aparezca la odiosa celulitis en tu piel pues reducen la oxigenación de células y la sangre se satura de desechos los cuales son difíciles de expulsar y acaban por quedarse en tu cuerpo.

230. Si quieres combatir la celulitis de tu piel, te recomiendo que evites comer carne, mantequilla, embutidos y alimentos como pasteles, chocolates, dulces y azúcar.

231. Otra de mis recomendaciones para que combatas la celulitis son las hortalizas, el pescado y los mariscos. Debes tener presente que la falta de hierro favorece la aparición de la celulitis.

232. Evita los alimentos dulces-salados, ya que combinados provocan que las papilas gustativas no capten del todo el sabor y aumentará tu apetito.

233. ¿Sabías que de nada sirve que comas ensaladas si las bañas en aderezo? El aderezo aporta aproximadamente 250 a 380 calorías.

234. El tofu puede ser uno de los alimentos que puedes ingresar a tu nuevo plan alimenticio ya que nutre al cuerpo y es de fácil digestión. Contiene altos niveles de calcio y lípidos que te ayudarán a reducir colesterol y triglicéridos.

235. El curri es el alimento más rico en curcumina. Ayuda a prevenir tumores, es antioxidante, antiartrítico y antiinflamatorio.

236. Hay temporadas en las que nuestro cuerpo no está del todo bien, te has puesto a pensar que éste es afectado por el clima y el agua, ten cuidado cuando haga mucho frio ya que tu cuerpo requiere más agua en estas temporadas porque trabaja al doble para mantener una temperatura estable.

237. No consumas embutidos, no son buenos para tu salud ya que producen un aumento de nitrosaminas derivados que fomentan la oxidación y la aparición de enfermedades como el cáncer, daño en los tejidos y una considerable concentración de sodio.

238. Consume en tu dieta diaria: pescado, nueces, verduras, frutas, vitamina C y hierro. Con estos alimentos y vitaminas proporcionarás energía a tu cuerpo.

239. ¿Por qué debes evitar la harina blanca que se encuentra en muchos panes y pastas? Porque tu cuerpo la convierte rápidamente en azúcar. Los alimentos hechos con harina blanca se asocian con la liberación de glucosa y la producción de insulina, lo que puede causar el aumento de peso y un aumento del riesgo de diabetes.

240. ¿Qué opciones de harinas existen? Los granos enteros son una gran opción, ya que incluyen cebada, trigo sarraceno (kasha), mijo, avena, quinoa, arroz integral y arroz salvaje. Todos son altos en fibra.

241. Come huevo sólo 3 veces por semana, no te excedas.

242. Si vas a beber vino que sea seco. El vino seco es mejor que el dulce. Los vinos dulces naturales contienen una gran cantidad de azúcar, pero en los vinos secos la mayor parte del azúcar ha sido fermentada. Puedes tomarte sólo una copa de vino con la comida.

243. Compra semillas enteras, ya que las molidas tienen menos nutrientes, al momento de cortarlas se secan más perdiendo la humedad y el nutriente.

244. El aceite de sésamo es excelente, tanto en sabor como en nutrientes.

245. La acidez corporal es un tema de controlar, por eso te recomiendo que remojes las legumbres durante la noche acompañadas con un poco de col. Al día siguiente, cuando las prepares habrán liberado los residuos ácidos.

246. Después de hacer ejercicio te recomiendo comer algo, debe ser algo ligero, una taza de apio puede ser fenomenal.

247. Acuérdate que comer chocolate debe ser un lujo, no una rutina.

248. La pera tiene 40 kcal, contiene calcio, fósforo, magnesio, potasio, cobre, ácido ascórbico. Sus hojas sirven como diurético y ayudan a limpiar los riñones.

249. Come cerezas, estas te ayudan a eliminar la ansiedad.

250. El durazno te ayuda al equilibrio de tu presión arterial.

251. La sandia es muy buena para mantener a tu corazón sano.

252. Las fresas te ayudan a combatir el paso de los años.

253. Si de cuidar tus articulaciones se trata, consume piña, una muy buena aliada.

254. Las uvas pueden ayudar a relajar los vasos sanguíneos y tener mejor circulación.

255. Las moras te ayudan a proteger tu corazón.

256. Siempre es bueno tener un incentivo para mejorar tu figura y hábitos, pero nunca te pongas como imagen a seguir a mode-

los y artistas, ya que estos tienden a tener dietas muy rigurosas y además recurren a medicamentos y cirugías.

257. No comas las típicas papas a la francesa como un acompañante de comida, estas dificultan la digestión, hacen que aumentemos de peso y su nutrición es muy baja.

258. ¡Ten mucho cuidado con la sal! Si vas a cocinar usa sal de mar.

259. El acné no sólo es un tema de adolecentes, sin pensarlo puede aparecer a cualquier edad, para evitarlo y tratarlo te recomiendo que consumas granada, es excelente.

260. En nuestra gastronomía, el cilantro está en casi todo, ¿sabes en que te beneficia? Es buen diurético y apoya al riñón a estar en óptimo funcionamiento.

261. Contra el estrés la albahaca es espectacular además de apoyar a que el rendimiento físico sea mejor.

262. Cuando comas escucha música tranquila, te ayudará a que lo hagas despacio, mastiques adecuadamente y te sientas satisfecho más rápido. Si escuchas música "pesada" devorarás todo lo que tengas enfrente y a una velocidad impresionante.

263. Aunque los gases sean naturales, no caen nada bien en el ascensor de la oficina. ¿verdad? Tú puedes ayudar a suprimirlos tomando un medicamento de venta libre que contiene simeticona, que ayuda a descomponer las burbujas de gas y los reduce.

264. No olvides poner a remojar los frijoles en agua durante la noche. Así se descomponen algunos de los compuestos que causan los indeseables gases. Asegúrate de utilizar agua potable para cocinarlos.

265. Emitimos gases (pedos, si lo prefieres) al menos 14 veces al día. Afortunadamente, la mayoría pasan desapercibidos. El dióxido de carbono, el metano y el hidrógeno también son comunes -e inofensivos- como subproductos de la digestión. Ruidos embarazosos anuncian el paso de gas cuando el esfínter actúa como un instrumento de viento. El olor viene del sulfuro de hidrógeno que se produce cuando los alimentos ricos en azufre son digeridos por las bacterias en el colon. Los alimentos que promueven olores sulfúricos son, entre otros, huevos, carne, pescado, cerveza, frijoles, brócoli, coliflor, repollo y col. Si no quieres renunciar a alimentos potencialmente gaseosos, puedes controlar el olor consumiendo vegetales de hojas verdes y tomando probióticos todos los días.

266. Para disfrutar de los granos sin la banda sonora, prueba Beano.

267. Otras formas para reducir el gas son el mantener el movimiento intestinal con ejercicios regulares y basando tu dieta en frutas, verduras y granos enteros, con buena hidratación. ¡Ah! Dulce silencio.

268. Por lo general, la flatulencia es causada por los alimentos y bebidas que consumimos. Comer o beber con rapidez puede hacer que el aire las provoque. Otra causa es el exceso de fibra o alimentos que son difíciles de digerir, como los frijoles.

269. Los edulcorantes artificiales y fructosa (que se encuentra en las frutas) pueden causar también flatulencia y, en algunas personas, los alimentos que contienen lactosa (tales como leche, queso o helado) pueden ser los culpables.

270. La terapia de primera línea para reducir la flatulencia es, por supuesto, evitar comer y beber de forma rápida y evitar los alimentos que producen gases. Pero hay productos que contienen una enzima que ayuda a descomponer los alimentos (bingo, lactaid).

271. Si la flatulencia continúa siendo un problema para ti, por favor consulta a un médico.

272. Cambiar lo que comes y bebes puede ayudar a prevenir o reducir el gas. La cantidad de gas causado por ciertos alimentos varía de persona a persona y la única manera de conocer tus propios límites es mantener un registro de lo que comes y la cantidad de gas que te causa.

273. Ya dijimos, evita frijoles, verduras como el brócoli, la col, las coles de Bruselas, cebollas, alcachofas y espárragos; las frutas tales como peras, manzanas y melocotones; los granos como trigo integral y salvado. Reduce o elimina el consumo de refrescos y bebidas de frutas, la leche y los productos lácteos, como queso y helados, o alimentos envasados que contienen lactosa.

274. Bebe mucha agua y caldo, pero no bebas líquidos "gaseosos" como lo son los refrescos y la cerveza.

275. Reducir la cantidad de aire que tragas ayuda e evitar gases. Algunas maneras de evitar tragarlo es comiendo más despacio y masticando más veces los alimentos antes de tragarlos. Evita la goma de mascar.

276. Si fumas, trata de reducir tu consumo o de plano lo mejor sería que dejaras de fumar.

277. Si tienes dentadura postiza, consulta al dentista para asegurarte de que esté justo a tu medida y no se cuele aire por algún hueco.

278. Mantén un diario y anota los alimentos y las cantidades que parecen causarte más problemas. Además, sería recomendable realizar un seguimiento del número de veces que tienes gases cada día.

279. Las semillas de hinojo son un carminativo natural, lo que significa que ayudan a eliminar el gas. Mastica una cucharada de estas semillas después de comer una comida pesada. Mantén un tazón pequeño en casa o busca pastillas de semilla de hinojo.

280. Si todavía estás preocupado por los gases, es posible que desees consultar a tu médico. Lleva tu diario contigo para responder con facilidad y veracidad a las preguntas que te haga.

281. Cambiando de tema... comer con los niños es divertido, les puedes hacer a tus hijos caritas o figuras con las frutas y vegetales, de esa menara ellos comerán todo lo que les sirvas... ¡Disfruten la comida!

282. Una forma fácil para que los niños tomen agua, es servírsela en un atractivo envase, cómprales un vaso o termo que les guste, de esa manera te pedirán de beber en su vaso nuevo o favorito.

283. Si tienes un bebé y está a punto de probar sus primeros alimentos, no le des mezclas enfrascadas, lo más sano es lavar y desinfectar perfectamente las verduras y frutas y hacerle las papillas naturales.

284. Si tienes niños en casa acostúmbralos a comer por lo menos 2 ingestas de frutas al día, si no lo hacen cuando sean grandes serán propensos a padecer sobrepeso, enfermedades cardiovasculares y colesterol alto.

285. Te recomiendo este divertido juego que poco a poco hará a tu bebé más independiente y saludable: **El juego de la barca**. Consigue una pelota grande y coloca al pequeño de panza, arriba de la pelota como si la abrazara, cántale y balancéalo con mucho cuidado de lado a lado. Hazlo antes de darle sus alimentos.

286. Cuidado con lo que dices respecto a la comida si tienes niños, muchas veces ellos nos imitan a la hora de comer "como a mamá no le gusta la fruta, a mi tampoco". ¿Te suena? Hay que evitar la asociación de lo que nos gusta a nosotros con sus gustos.

287. Es muy frecuente que a tus hijos les des de comer algo fácil y rápido, y lo primero a lo que se recurre, generalmente, es a los alimentos congelados del súper mercado como los nuggets de pollo. Evítalos, tienen un elevado nivel de sal además de conservadores y partes grasas del pollo.

CONTROLA EL ESTRÉS

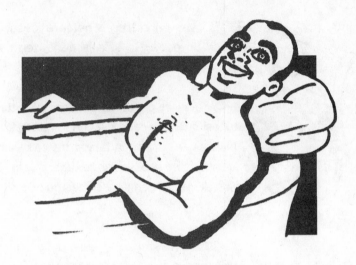

288. El estrés emocional y mental se identifica por la dificultad para dormir, la falta de concentración, los pensamientos obsesivos, la irritabilidad, la tensión, el olvido de cosas, la ansiedad, el miedo, la hiperactividad y la preocupación excesiva.

289. Es necesario que sepas que a veces el clima (frío, calor, humedad) puede ser la causa de que sufras estrés. Si sabes que vas a ir a un lugar donde hace mucho frío y éste no te agrada, quédate nada más el tiempo necesario.

290. El estrés a nivel físico se manifiesta en presión alta, rechinido de dientes, problemas digestivos, gripa, aumento o pérdida de peso, dolor de cabeza, dolor de estómago, tensión en la mandíbula y propensión al abuso de alcohol y tabaco.

291. Cuando tienes estrés duermes menos. La fatiga crónica hace que la hormona grelina[1] se eleve. Evítalo.

292. Cuando vivas una situación de estrés extremo, vigila tu equilibrio. Si lo pierdes acude al médico de inmediato.

293. Si vives en estrés constante, desacelera tu vida un poco. No vale la pena, terminarás enfermo.

294. Nadie es capaz de predecir el futuro, ni tú, así que vive cada día con lo que te da. No pienses en cosas que tal vez nunca pasaran o las cuales no sabes cuándo llegarán. No manipules tu mente con situaciones que no puedes controlar.

295. Estar tenso a causa del estrés y no expresar tus emociones no es bueno para el corazón.

296. ¿Sabías que un posible efecto del estrés es la pesadez en las piernas y los problemas circulatorios?

297. Hay pensamientos que nos causan estrés como nuestra imagen en el espejo, te recomiendo que realices una tregua y dejes de recriminarte frente a él.

298. La pesadez en los hombros, cuello y espalda que sientes como si fueran nudos son causa del estrés.

---

[1] La hormona grelina es la reguladora de la ingesta de alimento y del peso corporal.

299. Si tus manos tiemblan o tienes un tic recurrente es únicamente por estrés. Necesitas un respiro, ¡vete de vacaciones!, ¡haz algo fuera de la rutina!

300. Encárgate de buscar lo que te apasiona y persigue tu felicidad. Te recomiendo que dediques tu energía y tu tiempo a lo que realmente te gusta.

301. Investiga, conoce y acepta las cosas que puedes y las que no puedes cambiar. Existen acciones y ciertas situaciones que están más allá de tu control. Aprende a reconocer cuando no hay nada que hacer para cambiar la forma de cómo son las cosas.

302. Vivir como niño puede ser una opción para vivir libre de estrés y ver lo magnífica que es la vida. ¡Disfrútala!

303. Sentir que nada te sale bien, que todos están en tu contra y que nadie te entiende no es sólo padecimiento de los adolescentes. El estrés nos hace actuar igual, ya que estamos vulnerables e irritables.

304. Somos el reflejo de nuestros pensamientos, siempre que tengas una complicación en vez de pensar que va a empeorar, decreta que cambiará para mejorar.

305. Cada vez que sientas que la vida es pesada y que tienes que saltar varios obstáculos para llegar al final, recuerda que la vida no es un problema matemático lleno de fórmulas, sino una expedición que tienes que disfrutar.

306. Cuando nuestros antepasados se enfrentaban a periodos de hambruna almacenaban grasa en el vientre como medida de supervivencia, nosotros hacemos lo mismo. Cuando padecemos de estrés crónico comemos más alimentos de los que necesitamos, hay que tener en cuenta que esa grasa acumulada genera toxinas y las bombea en el cuerpo, ¿quieres saber tu grado de estrés? Nada más observa tu abdomen.

307. Cuando comiences a sentirte ansioso y estresado pregúntate: ¿Estoy en peligro inminente? Si no lo estás, simplemente toma un momento para darte cuenta y automáticamente se apagará el instinto de "lucha o huída". Este acto te permitirá que tus glándulas suprarrenales se relajen.

308. Existen 4 puntos para combatir el estrés: la alimentación, el ejercicio, el sueño y la actitud.

309. Si estás buscando ayuda para bajar de peso y controlar el estrés lo mejor es hacer ejercicio. El ejercicio te ayuda a quemar calorías y obtienes dos recompensas que son obvias: Eliminas el estrés y te sientes mejor. Se ha demostrado que el ejercicio es la mejor estrategia para el tratamiento de la depresión ya que liberas endorfinas durante y después de haberlo practicado.

301. Si no estás practicando algún deporte, ahora es el momento de empezar.

311. Un ejercicio que te puede servir es apretar y soltar cosas. Por ejemplo, toma un objeto sólido y apriétalo por unos segundos, después relaja tu mano y repite.

312. Si tienes un ataque de estrés con enojo, no recurras a la comida. Camina, corre y grita si es necesario. Esto te ayudará a sacar el enojo.

313. Envejecer nos hace sentir débiles y estresados. La mejor forma de combatirlo es con un estilo de vida saludable.

314. Haz ejercicio. Con sólo 30 minutos de caminata y subir escaleras, bajarás tu estrés. ¡Suda!

315. La mejor manera de quemar las hormonas del estrés sin tener que cambiar tu forma de pensar es moverte y sudar. Corre, baila, salta, pasea, nada...

316. Practica yoga.

317. Antes de bañarte practica durante 7 minutos ejercicios de yoga o relajación para aflojar músculos y conseguir que tu sangre fluya durante todo el día.

318. Realiza ejercicios oculares, te ayudarán a relajarte y, sobre todo, a marcar tu grado de estrés. Fija la mirada sobre un objeto que se encuentre al menos a un metro de distancia como un cuadro o un mueble. Mentalmente cuenta hasta 30 sin parpadear. Si sientes que los ojos se te van centra la mirada nuevamente e inicia de nuevo el conteo, al terminar parpadea un par de veces.

319. Cualquier tipo de ejercicio regular puede reducir los niveles de estrés. Sin embargo, para recibir ayuda adicional elije los ejercicios orientales que incorporan la meditación.

320. La kundalini yoga es una disciplina que conecta la mente, el cuerpo y el espíritu que se centra en el trabajo de respiración.

321. El chi-Gong es un ejercicio que se centra en el trabajo de la respiración al tiempo que incorpora la meditación y movimientos físicos suaves y lentos.

322. La atención se centra en la respiración natural. Las personas que practican el arte de la meditación del chi-gong diariamente durante un mes experimentan mejoras significativas en su sistema inmunológico.

323. La preocupación y el estrés causan rasgos fruncidos. Sé consciente de tus niveles de estrés y varia tus expresiones faciales durante el día.

324. Cuando estés muy estresado haz el siguiente ejercicio: Respira profundamente y realiza 5 círculos con tu cabeza de derecha a izquierda, inhala profundamente y después exhala.

325. Este ejercicio también te va a servir: Siéntate derecho y extiende tus brazos a la altura de los hombros, ahora mueve los dedos como si salpicaras agua de forma constante. Después repite el ejercicio con los brazos en alto. Al subir inhala y cuando bajes exhala.

326. Si empiezas a hablar y notas que se te traba la lengua realiza el siguiente ejercicio: Abre la boca y los ojos todo lo que puedas y mantente así por 5 segundos. Repite este ejercicio 3 veces. Verás cómo sí funciona.

327. No consumas alimentos con azúcar, dulces o harinas. Reemplaza el azúcar por semillas, nueces, almendras o pasas secas.

328. Cómprate un CD de música relajante. Acuéstate y escúchalo, deja todas tus preocupaciones. Así reducirás el caos de tu mente.

329. Si en este momento estás viviendo una situación que te preocupa, no veas las noticias ni películas dramáticas. Busca situaciones contrarias que te den tranquilidad.

330. Si las preocupaciones te ocasionan dolor de cabeza te recomiendo que cierres los ojos y con tus dedos pulgares aprietes el nacimiento de la nariz que está a un costado del lagrimal. Después presiona las sienes por unos minutos. Al final recuerda respirar profundamente.

331. Si tu estrés es por el tiempo y la vida tan ajetreada de la ciudad, levántate 15 minutos antes de lo habitual, de esta forma iniciarás tu día sin prisa y tu actividad matutina la realizarás con más calma.

332. Frases como "no se puede" o "no debo" son negativas y te hacen ser pesimista. Adopta un enfoque positivo. Los optimistas son personas más sanas.

333. Cuando te quejas te estresas. Aprende a vivir con alegría, amor y aceptación lo que te toca vivir.

334. Aléjate de las personas que se quejan de todo, lloran por todo y buscan cobrar venganza a todos. Sutilmente te contaminan y hasta hacen que te cases con problemas que no te corresponden.

335. Cuando tengas un conflicto con alguien que te cause estrés soluciónalo frente a frente lo más rápido que puedas. Habla de forma directa con esa persona.

336. Si la otra persona ya no quiere ser partícipe de la solución ya no es tu problema.

337. Evita los conflictos. Si estás en la calle date cuenta que discutir y gritarle a todo el mundo nada más te perjudica.

338. El problema del estrés no sólo es el enojo, es la manera en que sufrimos episodios hirientes y dañinos en nuestra mente y cuerpo.

339. La autoestima puede provocarte estrés debido a la seguridad con la que te manejas, así que cuida tu apariencia, cuida tu cuerpo, mantén un peso saludable y recuerda tener tus uñas y tu pelo en buenas condiciones.

340. Ser agradecidos con lo que tenemos nos alivia la carga y aleja el estrés.

341. Siempre hay algo que agradecer, independientemente de las circunstancias que estemos viviendo. Piensa positivamente y dale las gracias a quien se las tengas que dar.

342. Cuando te sientas al borde del barranco emocional, escribe una lista de las bendiciones que tienes en la vida, estoy seguro que encontrarás muchas cosas por las cuales ser feliz.

343. Date mensajes positivos es muy bueno. Coloca en el refrigerador, en el espejo y en tu agenda frases cortas que te motiven. Siempre te recordarán que puedes ser feliz.

344. El estrés provoca hostilidad e ira los cuales están relacionados con ataques cardiacos, así que cuando algo o alguien te provoque piensa: ¿Dentro de algún tiempo esto tendrá importancia? ¿Realmente vale la pena que me enoje por esto?

345. No tomes la vida con tanta seriedad, aprende a reír.

346. Aprende el arte del perdón, culpar y sentirte culpable son emociones que te intoxican y estresan.

347. Suelta culpas, remordimientos y malas vivencias. Nadie puede cambiar el pasado.

348. Disfruta las cosas pequeñas de la vida. Trata de ser feliz.

349. Vive el presente, solemos vivir en el ayer y en el mañana sin disfrutar el hoy.

350. La mayoría de nosotros estamos sobre estimulados. Cuando llegues a tu casa apaga la televisión, tu celular y no veas correos electrónicos.

351. Si estás triste escucha tu CD favorito o cómprate un karaoke. El acto físico de cantar fuerte te hará sentir mucho mejor.

352. Haz todo lo que esté a tu alcance para que tu hogar esté libre de estrés. Baja el volumen del radio y de la televisión.

353. Estar en silencio te ayuda a dejar el estrés. Disfruta del silencio.

354. Cambia tu rutina, este hecho te ayudará a mantener una visión distinta de la vida.

355. Adopta una mascota. Tu mal humor desaparecerá ya que tendrás compañia permanente y además tendrás que salir a pasearla y eso te distraerá.

356. Los pasatiempos son buenos para salir de la rutina y evitar tener malos pensamientos. Busca uno que te agrade.

357. La agilidad mental es un buen aliado para resolver conflictos y evitar el estrés, ejercita tu mente, por ejemplo, armando rompecabezas.

358. Es importante tomar vacaciones para salir de la rutina. Si no puedes costear un viaje largo siempre hay opciones para cambiar de paisajes y gente. Inténtalo aunque sea un fin de semana o un día.

359. Socializar y tener amigos también combate el estrés. Sal con ellos y deja la rutina atrás. No tengas amistades por internet, ellas no te darán una sonrisa ni un abrazo.

360. Si estás en medio del tránsito de regreso a tu casa y estás muy estresado, estaciónate y entra al cine. Escoge una película divertida. Verás qué diferente va a estar tu ánimo cuando salgas.

361. Si te transportas en automóvil propio, aprovecha los altos para hacer rotaciones de cuello y hombros. Toma con fuerza el volante y estira los brazos.

362. Si utilizas transporte público o taxi, y el tiempo te lo permite, bájate unas cuadras antes de llegar a donde debes y termina el trayecto a pie.

363. ¿Estás buscando una manera de reducir el estrés y fortalecer tu sistema inmunológico? Ríe con frecuencia durante el día. No sólo vas a vivir más tiempo, ¡es gratis! Varios estudios demuestran que una carcajada puede aumentar los anticuerpos que combaten las infecciones, así como la disminución del cortisol, la hormona del estrés que hace que bajen nuestras defensas.

364. La risa puede ser la mejor medicina anti estrés. Se ha demostrado que aumenta el flujo de sangre un 20%. Ríete.

365. Sonríe y sé amable, probablemente te sea difícil por el ritmo de vida que llevas. Te aseguro que traerás a tu vida paz y armonía.

366. Compra flores. Unos cuantos racimos de flores fragantes pueden ser suficientes para perfumar tu casa y levantar tu estado de ánimo durante días.

367. Varios estudios han demostrado que colocar plantas en la casa, además de verse bien y dar apariencia de limpieza, ayuda a reducir el estrés porque son seres vivos que te acompañan.

368. Ser amable con los demás baja el estrés y ayudar a aliviar la depresión.

369. Date cuenta cómo son tus conversaciones internas. Muchas veces decimos palabras negativas y eso influye en lo que sentimos.

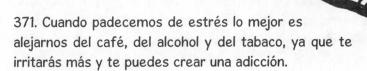

370. ¿Vives y mueres por estimulantes como el café, la nicotina, los chocolates, los dulces, el pan, las bebidas energéticas o el alcohol? Tienes estrés, evítalo.

371. Cuando padecemos de estrés lo mejor es alejarnos del café, del alcohol y del tabaco, ya que te irritarás más y te puedes crear una adicción.

372. El té de manzanilla puede ayudarte a relajar el sistema nervioso y el tracto digestivo.

373. Toma infusiones de melisa o toronjil, son excelentes calmantes.

374. Para eliminar malestares estomacales que te causa el estrés, toma té con unas cuantas hojas de albahaca.

Abhh!

375. Si estás en tu casa quítate los zapatos y busca un piso de madera. Camina sobre él 15 minutos y verás cómo te relajas.

376. Antes de dormir, como un remedio anti-estrés, prepara té de mandarina. Primero lávala bien y después raya la cáscara. Tómatelo tibio.

377. Con pequeños sorbos de agua puedes combatir el estrés e hidratarte. Hazte consciente y bébela dando pequeños tragos durante el día.

378. Organiza tu día la noche anterior. Arregla tu ropa y revisa tu agenda. Esta práctica te permitirá tener un buen desayuno y te evitará el estrés.

379. Ser organizado puede ser un factor muy importante para evitar el estrés. Mientras más control tengas de tu casa y oficina las situaciones estresantes desaparecerán.

380. La respiración es clave para bajar el estrés. Intenta respirar desde el diafragma, como si inflaras un globo desde el ombligo. Verás la diferencia.

381. No te sientes a comer con estrés. Relaja tu cuerpo con respiraciones profundas y luego come. Evítate una colitis.

382. Practicar respiraciones profundas y lentas tiene un gran efecto sobre la restauración de la respuesta del estrés. Respira 5 veces ahora y observa lo diferente que te sientes.

383. Cuando tengas dolor de cabeza ligero por el estrés, respira contando hacía atrás. Por ejemplo, del 20 al 1. La respiración debe ser profunda y controlada.

384. Si estás al borde de la histeria, respira y visualiza un lugar tranquilo como la playa o las montañas por 2 minutos. Después te sentirás mejor.

385. Come kiwi, las propiedades de esta fruta son importantes para reducir el nerviosismo y el ajetreo de la vida actual.

386. Te recomiendo que te alimentes con cítricos como la naranja, ya que proporcionan altos niveles de vitamina C la cual está relacionada con el cortisol que es la hormona relacionada con el estrés.

387. Toma un baño caliente cuando llegues a tu casa. Relaja el cuerpo, puedes agregar sales de Epsom.[2]

388. Los baños de sol pueden ser un gran aliado, proporcionan una activación sensorial y de beneficio en la piel. Recuerda usar protector solar.

---

[2] La sal de Epsom es un mineral que se extrajo por primera vez en ciudad británica de Epsom en 1618. A esta sal también se le conoce como sulfato de magnesio. Cuando a un baño de agua caliente se le agrega sal de Epsom ayuda a aliviar el dolor muscular. También se ha demostrado que reduce la inflamación muscular, disminuye el estrés, mejora la circulación, suaviza la piel y beneficia el estado de ánimo.

389. Comparte con tu pareja una salida romántica. Está comprobado que sentir cariño o amor por alguien más baja los niveles de estrés.

390. No te concentres en ti mismo, ayuda a alguien y recuerda que estamos en una situación que recibes lo que das. Ayudar hace que no estés siempre preocupado por ti. Es maravilloso recibir una sonrisa de alguien que te dice que estás haciendo las cosas bien.

391. Acaricia a tu pareja, a tu hijo, a tu madre, a tu mascota. El contacto físico despierta sensaciones que calman y dejan ver las cosas valiosas de la vida.

392. Visualiza o vive escenas relajantes. Admira una puesta de sol, camina por el bosque o en la playa.

393. Usa tus fines de semana para ti y tu familia. Sal con tus amigos o vete a recorrer algunos pueblos. Visita los parques de la ciudad.

394. Cuando no duermes lo suficiente tu cuerpo produce más hormonas de estrés, lo que te hace más vulnerable a sus efectos dañinos. Trata de dormir por lo menos 8 horas diarias.

395. ¿Sabías que oler agua salada te puede ayudar a dormir? El agua salada tibia mantiene las fosas nasales lubricadas, lo que ayuda a la respiración del sueño. Yo uso este método ya sea con soluciones de agua de mar o las que preparo en casa.

396. Si vives en estrés laboral, emocional o familiar, comienza a llevarte con otras personas. Cambia tu entorno y realidad.

397. Si tienes que hacer trámites que te causan conflicto, realízalos a corto y mediano plazo, es una forma sencilla de avanzar.

398. Sé realista y trabaja contigo mismo para conseguir lo que quieres. Si sueñas con ir a Inglaterra estaría bien que te pusieras a ahorrar y a aprender inglés.

399. Di **no** cuando tengas que decirlo. No te comprometas a cosas que te harán sentir mal.

400. No dejes nada para después, te causará estrés. Realiza lo que tengas que hacer a la brevedad. Busca soluciones efectivas y rápidas.

401. Recurre a los calendarios y agendas. De esta forma podrás mantenerte al día con todos tus pendientes. En la actualidad los celulares y las computadoras tienen funciones muy útiles que puedes usar.

402. Si algo ronda en tu cabeza como pendiente ¡anótalo! Descargarás tu tensión y estrés por pensar que puedes olvidarlo y te permitirá relajarte.

403. Siempre debes tener un plan B. Es necesario para no sufrir estrés. Sé abierto para aceptar y adaptarte a diversas opciones. La vida no siempre funciona como queremos.

404. Mentalízate, no eres un súper héroe pero siempre haz lo mejor posible en todo lo que desempeñes. Aprende a aceptar cuando es tiempo de decir ¡basta!

405. Aprende a confiar y a delegar. Si estás lleno de tareas confía en los que te rodean. Inclusive tu familia puede ayudarte a realizar esas tareas que tanto te pesan. También lo puedes hacer con tus compañeros de trabajo.

406. Para evitar el estrés que te provocan los proyectos personales es necesario que te establezcas metas razonables, no seas pretencioso. La perfección es subjetiva.

407. No salgas de casa sin desayunar, esta práctica te evitará el estrés.

408. ¿Sabías que comer rápidamente produce más estrés? Toma tiempo para hacer tu comida, escogerla y come despacio y sentado. Mastica bien los alimentos.

409. Te recomiendo que comas aguacate. Este alimento es rico en potasio el cual baja la presión arterial y repercute en la disminución del estrés.

410. ¿Sabías que el consumo de cebolla sirve como calmante y relajante y que, además funciona muy bien si estás nervioso, sufres de insomnio o depresión?

411. La depresión y la ansiedad se han relacionado con la falta de ácido fólico, recuerda que comer espárragos es una de las mejores alternativas para sentirte bien pues es un alimento rico en vitamina C.

412. También te recomiendo que consumas avena. Estimula la producción de serotonina, esta hormona induce a la relajación. Con media taza tendrás para estar relajado todo el día.

413. Come mucha proteína magra, te dará más energía y mejorarás tu estado de ánimo. La proteína es clave para la estabilidad del estado de ánimo. Se encuentra en los siguientes alimentos: Pescado, huevo y nueces.

414. Escribe las 5 golosinas que tiendes a comer cuando estás estresado y la próxima vez, nada más cómete la mitad de una.

415. No reprimas el estrés en emociones que puedan enfermarte. Muchas veces llorar puede ser de ayuda.

416. Tómate 20 minutos, se requiere de este tiempo para pasar de una vida agotadora y estresante a la tranquilidad y quietud.

417. Las personas que sufren de ataques de ansiedad suelen padecer enfermedades somáticas como alergias, cardiopatías, hipertensión y padecimientos osteomusculares. Relájate.

418. Conoce tu cuerpo, éste puede curarse solo y evitar el estrés. Masajea tu mano con tu pulgar derecho y realiza un masaje en centro de tu palma izquierda durante un minuto, la relajación la sentirás en seguida.

419. Descubre tu cuerpo y practica la relajación muscular. Recuéstate en el piso y después concéntrate en cada parte y músculo de tu cuerpo. Contráelos por 18 segundos y relaja. Hazlo

durante 20 minutos. Cuando termines estírate y levántate muy lentamente de lado apoyándote con las manos.

420. Si te quieres relajar, pon un cojín en el suelo y siéntate en posición de loto, respira metiendo el aire en el abdomen de forma profunda y suéltalo con calma. Repite el procedimiento durante 15 minutos. Si puedes atenúa la intensidad de la luz.

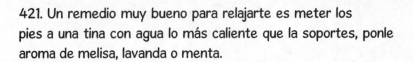

421. Un remedio muy bueno para relajarte es meter los pies a una tina con agua lo más caliente que la soportes, ponle aroma de melisa, lavanda o menta.

422. Si estás muy estresado en tu oficina te recomiendo una relajación muscular que funciona rápidamente: Tensa todos tus músculos como los hombros, las piernas, los glúteos, los brazos y la cara. Mantén esta contracción por unos momentos y respira controladamente. Con esta práctica estarás aliviando la tensión.

423. Te recomiendo el siguiente ejercicio para que te relajes rápidamente: Recuéstate sobre tu espalda, lleva tus rodillas al pecho y abrázalas. Cuando inhales baja la cabeza y, cuando exhales lleva la cabeza a las rodillas. Realiza unas 10 respiraciones.

424. Para eliminar la tensión y relajarte, te recomiendo que te acuestes en el piso junto a una pared donde puedas subir los pies. Cuando subas las piernas cerciórate que tus glúteos estén pegados a la pared, abre un poco los pies y pon los brazos en forma de cruz. Quédate 10 minutos en esa posición.

425. Te recomiendo que mastiques goma de mascar sin azúcar para calmar la ansiedad.

426. ¿Sabías que la oración y las imágenes mentales de bellos paisajes son excelentes técnicas de relajación?

427. Cuando estés muy estresado úntate aceite en la piel para que te calmes. Te sugiero el de mandarina, manzanilla y lavanda.

428. Estabiliza tu estado de ánimo y relaja todo tu cuerpo dándote un masaje en el cuello con una mezcla de aceite de almendra y canela.

429. ¿Sabías que para reducir el estrés mental es bueno aplicarse en la frente aceite de sésamo o sándalo?

430. Escribir es una buena forma de expresar los sentimientos sin necesidad de omitir detalles que nos causan conflicto. Deja libre todos tus sentimientos y plásmalos en una hoja de papel. De esta forma evitarás el miedo a ser juzgado o criticado. Esta práctica te permitirá expresar tus emociones libremente.

431. Lee historias amables y divertidas que tengan un mensaje positivo. Te harán sentir mejor.

432. Diversas investigaciones sobre el estrés demuestran que escuchar música clásica durante 30 minutos lo reduce. Es como si te tomarás un calmante de 10 mg.

433. Una forma de alejarte de los problemas es explotar tu lado artístico: Pinta, escribe, baila o toca algún instrumento y, recuerda que no importa como lo hagas, sino que lo disfrutes y pase el tiempo sin que te des cuenta.

434. Regálate algo: Un corte de cabello, una camisa, un libro o hasta una bebida de ese café que tanto te gusta. Estos detalles contigo mismo te reconfortarán y te harán sentir bien.

435. Cuando vives en estado crónico de estrés el cortisol degrada el colágeno de la piel, por lo tanto, se hace cada vez más difícil para la piel repararse a sí misma. El estrés crónico inflama nuestro cuerpo y nos envejece más rapído.

436. ¿Sabías que el estrés emocional puede causar o empeorar trastornos de la piel como comezón, cosquilleo y dermatitis?

437. Cuando vives en estado crónico de estrés el cortisol degrada el colágeno de la piel, por lo tanto, se hace cada vez más difícil para la piel repararse a sí misma.

438. Aumenta tus niveles de betaendorfinas ya que actúan como antiinflamatorias en el cuerpo, así como en la piel. Para revertir el daño debes procurar tener un sueño reparador, frecuentes relaciones sexuales y hacer ejercicio. ¡Tres excelentes maneras de hacerlo!

439. Si de plano no puedes controlar el estrés consulta con un especialista.

440. Asistir a un grupo de apoyo puede ser buen camino para bajar estrés de forma semanal.

441. Te recomiendo que una vez por semana tomes un masaje deportivo relajante.

442. Cuando estoy solo en casa uso una pelotita de tenis y me doy un masaje en el piso por toda la espalda y hombros.

443. Mis 3 Principios de Transformación Instantánea pueden reducir el estrés de forma rápida. **Primero:** Lo que resistes persiste y se hace más fuerte. **Segundo:** No hay dos cosas que puedan ocupar el mismo lugar al mismo tiempo. ¿En qué estás centrado? A veces estamos tan consumidos por el estrés y los factores de estrés que se nos pasa lo que sucede en el resto del mundo. **Tercero:** Cualquier cosa que te permitas le permites ser. Deja de enfocar tu atención en aquellas cosas que no te gustan, no quieres o prefieres que sean diferente. Ser alguien libre de estrés es tan sencillo como estar donde estás sin estar en desacuerdo con tu vida y sus circunstancias.

444. Intenta quitarte el estrés con acupuntura. Esta es una forma de medicina alternativa china que puede ayudarte a aliviar la tensión.

445. A continuación te doy una pequeña lista de lo que debes hacer para reducir los efectos del envejecimiento que produce el estrés y la tensión: No fumes, mantén la presión arterial bajo control, cuida tu cintura, camina todos los días y si tu médico te autoriza, toma dos aspirinas de bebé cada mañana.

446. Cualquiera de los siguientes síntomas pueden indicar que tu hijo, sobre todo entre la edad de 5 a 12 años, está teniendo estrés: Dificultad para dormir, dificultad académica, miedo irra-

cional, malestar gastrointestinal, dolor de cabeza, migraña, regresión de comportamiento, interacción social, distracción, falta de concentración, irritabilidad y combatividad.

447. Debes considerar la ayuda profesional si ves a tu hijo con reacciones de tensión que se prolongan o son severas, enuresis repetida, demasiada ansiedad, incapacidad de relajarse y de despegarse del padre, ataques de llanto sin relación a cualquier evento.

448. Los niños de entre 5 a 12 años comúnmente reaccionan al estrés por dormir mal y por la disminución en el rendimiento escolar.

449. Haz todo lo posible para minimizar el efecto de estrés que angustia a tus hijos.

450. No compartas temas personales o laborales que puedan hacer que tu niño se sienta inseguro.

451. Sólo comparte esta información si vas a tomar una decisión importante sobre ella que afectará a tu hijo.

452. A menudo los niños siguen el ejemplo de sus padres, por lo que en momentos de estrés es importante que los padres mantengan la calma por el bien de sus pequeños.

453. Está bien que tu hijo sepa que estás preocupado, pero si controlas tus reacciones él se sentirá más seguro y aprenderá a mantener el control incluso en tiempos difíciles.

454. Los estudios han demostrado que en circunstancias traumáticas como las guerras o los terremotos, los niños, con más frecuencia, hacen frente tan bien o tan mal como sus padres.

455. Un padre que reacciona de forma exagerada en situaciones de estrés puede instigar miedo irracional en sus hijos, cuando debería ser lo contrario ya que en esos momentos los niños necesitan amor y cariño más que nunca.

456. El aprendizaje de algunas técnicas de relajación y los mecanismos de adaptación les ayudará a tus hijos a lidiar con el estrés y reducir sus niveles. Habla con tu médico de cabecera para que te aconseje.

457. Los investigadores utilizan la sangre, la saliva y la orina para evaluar los productos químicos de tu cuerpo cuando estás estresado o relajado. Una prueba para la epinefrina y la dopamina se realiza con mayor frecuencia en una muestra de orina, pero también se puede hacer en una muestra de sangre tomada de una vena. La prueba más común para la medición del nivel de cortisol es a través de la sangre, pero muchas veces el cortisol es medido por medio de una muestra de saliva. Te recomiendo que te hagas una prueba de orina y de saliva en tu laboratorio de confianza para que sepas cómo está reaccionando tu cuerpo al estrés.

EJERCÍTATE, TÚ ERES TU PROPIO GIMNASIO

458. Al hacer ejercicio y ejercitarte no sólo tonificas tu masa muscular, sino que también aceleras tu metabolismo y, en cuanto más eficiente sea éste, más rápido procesarás los alimentos.

459. Cuando decidas que es hora de empezar a hacer ejercicio, comienza lentamente y no te desanimes si no alcanzas tus metas de acondicionamiento físico después de la primera semana.

460. Si tratas de forzar tu cuerpo demasiado en las primeras semanas es probable que termines lesionado.

461. Controla tu peso antes de empezar una rutina de entrenamiento y sigue comprobando los cambios pero no esperes una caída radical de inmediato.

462. Podrían pasar un par de semanas antes de que notes algún cambio. Es importante que sigas controlando tu peso y toma en cuenta que cuando estás perdiendo peso de grasa, estás ganando masa muscular por lo que tu peso total puede no cambiar de forma tan dramática como te gustaría que lo haga.

463. Pon música cuando hagas ejercicio. La música es un poderoso motivador para ponerte en forma. Varios estudios han demostrado que escuchar música mientras haces ejercicio contribuye a mejores resultados de tu entrenamiento.

464. Ejercitarte hasta sudar al menos una hora por semana disminuye el riesgo de sufrir un ataque al corazón.

465. Medir tu cuerpo con regularidad también es importante para comprobar que cambias medidas.

466. Selecciona un patrón de ejercicio que se adapte a tu estilo de vida. Todos tenemos diferentes, por eso debes seguir una rutina que sea adecuada a tu vida y a tu profesión.

467. Tómate un día libre de ejercicio a la semana. Tu cuerpo necesita un día o dos a la semana para relajarse.

468. Haz ejercicio al aire libre tanto como te sea posible. Es una oportunidad para que tomes aire fresco y sol.

469. No necesitas ir a un gimnasio para hacerlo. Haz ejercicio en casa. Busca aquellos ejercicios que se puedan hacer sin equipo.

470. Coloca sillas más o menos incómodas delante de la televisión. Si tienes muebles rígidos es menos probable que te sientes o acuestes delante de la televisión.

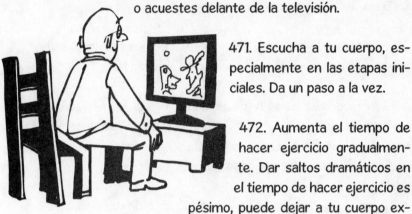

471. Escucha a tu cuerpo, especialmente en las etapas iniciales. Da un paso a la vez.

472. Aumenta el tiempo de hacer ejercicio gradualmente. Dar saltos dramáticos en el tiempo de hacer ejercicio es pésimo, puede dejar a tu cuerpo exhausto y más propenso a las lesiones.

473. En lugar de aumentar tus rutinas de ejercicios 30 minutos de golpe, aumenta 10 minutos más a la semana durante 3 semanas.

474. Dejar el tabaco es la clave para realizar una actividad física de calidad, ya que el 20% del oxígeno que transporta la corriente sanguínea es utilizado por el cerebro para poner a funcionar el cuerpo.

475. Si tomas una bebida alcohólica te recomiendo que no hagas ejercicio al día siguiente. Es importante dejar pasar tiempo después de beber para hacer ejercicio, ya que las bebidas etílicas deshidratan, elevan la presión arterial y aumentan el cortisol. Es prudente que dejes pasar 24 horas como mínimo.

476. El cardio en tu plan de ejercicios debe ser una prioridad, por eso es bueno caminar 15 minutos, correr 5 minutos y finalizar con 5 minutos de caminata enérgica.

477. Si tienes un trabajo en el cual tienes que permanecer sentado, ponte de pie y estira el cuerpo cada media hora.

478. La mayoría de los puestos de trabajo hoy en día nos obligan a estar sentados y a llevar una vida sedentaria. Al estirarte cada media hora puedes ayudar a tu cuerpo a mantenerse despierto y a tu metabolismo funcionando.

479. Suspende el uso de mandos a distancia. Levántate del sofá y de la cama y cambia el canal de televisión o de música manualmente.

480. Durante los anuncios de televisión levántate y camina. Alcanzar los dedos de los pies o realizar cualquier ejercicio, por simple que sea, hará que la sangre fluya.

481. Cualquier deporte debe empezar con unos 5 ó 10 minutos de calentamiento, también debe terminar con 5 ó 10 minutos de enfriamiento.

482. Tu cuerpo necesita cierto nivel de preparación antes de que realmente puedas empezar a hacer ejercicio.

483. Se ha demostrado que el ejercicio aeróbico vigoroso au-

menta la producción de la hormona del crecimiento la cual hace que te veas más joven y más delgado.

484. Si te aburriste de ir al gimnasio busca otro ejercicio ae- róbico que sea divertido. Puedes jugar tenis, bailar o andar en bicicleta. Todos aumentarán los latidos de tu corazón.

485. Mientras estés sentado en el trabajo, te recomiendo que tenses el abdomen en intervalos de 20 segundo y luego descan- ses otros 20 segundos.

486. Acuérdate que al realizar las actividades hogareñas puedes bajar de peso. Cuando barras, aprieta el abdomen y barre de izquierda a derecha y viceversa.

487. Para fortalecer tu abdomen pon tus rodillas y tus manos en el piso. Después levanta la mano izquierda y el pie derecho. Alterna el ejercicio y repítelo 20 veces.

488. De pie levanta una rodilla a la altura de la cadera y lleva el codo contrario de la pierna a la rodilla y alterna. Con este ejercicio trabajarás abdomen y pierna.

489. En una silla rígida coloca tus manos a los costados del asiento, después extiende tus pies y realiza unas lagartijas. Trabajarás abdomen y brazos.

490. Cuando camines y exhales aprieta el abdomen con fuerza y, al inhalar suéltalo, vuelve a repetir.

491. El viejo truco de los libros en la cabeza es bueno para mantener la postura, pero también funciona para tonificar el abdomen.

492. Si realizas llamadas telefónicas trata de caminar. No las hagas sentado.

493. Acostado boca arriba flexiona la pierna derecha y tómala con las dos manos por la rodilla, después cambia de pierna hasta alcanzar un ritmo constante. Este es otro ejercicio para fortalecer tu abdomen.

494. De pie abre tus piernas a la altura de la cadera, pon tus manos en la nuca y muévete de un lado a otro. Al exhalar aprieta el abdomen.

495. Para trabajar el abdomen lateral, de pie, extiende los brazos y rota los hombros sin mover la cadera. Haz 20 rotaciones de cada lado apretando el abdomen.

496. Acuéstate de espaldas al piso, levanta tus piernas a la altura de la cadera e intenta tocar con tus manos los tobillos. Estarás fortaleciendo tu abdomen.

497. Haz planchas como si hicieras lagartijas pero no bajes y quédate derecho apretando el abdomen.

498. En postura de plancha, con las manos a la altura del pecho y con las piernas estiradas, acerca una de las piernas a la mano del mismo lado y después el otro. Mantén el pecho erguido y la cadera abajo. Cuando termines ponte de pie y repite. Tu abdomen te lo agradecerá.

499. Cuando te despiertes usa tu cama para hacer ejercicio. Puedes realizar abdominales y lagartijas.

500. Colócate boca arriba y sujeta una pelota sobre el pecho con los brazos extendidos y las piernas rectas hacia arriba. Toca la punta de los pies con la pelota y repite varias veces para eliminar la grasa abdominal.

501. Fortalece tu abdomen y tus brazos. Primero realiza una flexión, da un salto con los pies juntos y mantén la espalda recta y el abdomen firme. Repite.

502. Apoya tu espalda en la pared y flexiona las rodillas como si te fueras a sentar. Mantente en esa posición por un minuto. Con este ejercicio fortaleces tu abdomen y tus piernas.

503. Si quieres tener un abdomen fuerte realiza el siguiente ejercicio: Acostado en el piso sube las piernas formando un ángulo de 45° y pon

las manos a los costados. Haz fuerza en el abdomen y levanta las piernas, baja despacio y repite.

504. Siéntate en el suelo, flexiona las rodillas y pon las manos atrás como soporte. Después estira las piernas y vuelve a flexionar hasta que alcances un buen ritmo.

505. Para obtener un abdomen y muslos definidos colócate boca arriba y pon una pelota entre tus muslos, junta los codos con las rodillas y realiza varias abdominales.

506. Para fortalecer tu abdomen colócate en posición de lagartija, levanta el brazo derecho apuntando al techo, mantén un segundo esa posición y cambia de brazo.

507. Colócate en el suelo boca arriba, flexiona las rodillas y pon tus manos en los muslos y haz abdominales deslizando las manos de los muslos a las rodillas. Realiza 15 repeticiones.

508. Acuéstate boca arriba y flexiona las piernas ligeramente separadas. Entrelaza las manos por delante y cuando realices la abdominal lleva las manos al frente como si alguien te las jalara.

509. Párate y abre los pies un poco y coloca las manos en la nuca. Exhala y aprieta el abdomen encorvándote un poco por la reacción de contracción. Al inhalar vuelve a la postura inicial por un minuto.

510. En posición de cangrejo boca arriba y manteniendo el peso con los brazos y

piernas, mantén firme el abdomen. Ahora sube la pierna derecha y sostenla. Intercala con la pierna izquierda.

511. Colócate boca arriba y contrae el abdomen, las piernas y la parte superior del cuerpo hasta quedar en postura compacta. Después balancéate un poco hacia adelante y atrás extendiendo un poco las piernas y vuelve a empezar. Este ejercicio proporciona a tu abdomen fuerza y rigidez.

512. Coloca como bastón frente a ti un palo de escoba. Ahora pon una mano en el extremo superior, abre tus piernas al compás de la cadera y realiza un ocho con movimientos de cadera. Con este ejercicio endurecerás tu abdomen y tus glúteos.

513. Las planchas son muy buenas para tonificar tu abdomen y tus glúteos. Colócate de rodillas con las manos hacia adelante, mueve la cadera un poco hacia adelante para que el peso quede equilibrado y sostenido con los hombros. Ahora contrae el abdomen y los glúteos y mantén la posición por 2 minutos y repite 3 veces.

514. Para tener un abdomen de lavadero ponte en posición de lagartija, levanta la rodilla izquierda hacia el pecho y gira la cadera para después estirarla hacia la lateral derecha. Vuelve a la posición de lagartija e intenta con el otro pie, repite intercalando por un minuto.

515. Consigue un banco y coloca el área abdominal sobre él y pon fuerza sobre tus manos que estarán en el piso. Con tus piernas realiza movimientos como si estuvieras nadando a un ritmo constante por un minuto. Descansa y patalea más.

516. Trabaja tus abdominales desde tu oficina. Siéntate a la mitad de una silla fija y estira las piernas. Eleva tus manos por encima de tu cabeza con los brazos estirados. Inclínate hacia atrás y después hacia adelante teniendo siempre apretado el abdomen y haciendo equilibrio en la cadera. Haz 20 repeticiones.

517. Cuando nadie te esté mirando, trata de hacer giros pélvicos. Tu sección media reacciona a los mínimos ejercicios de esta zona. Recuerda que el exceso de peso tiende a establecerse ahí. Si los abdominales pueden ser demasiado extenuantes para ti, comienza con giros leves.

518. Los giros pélvicos hacen que empujes tu abdomen hacia todas las direcciones y esta es la mejor manera de apretar todos los músculos de esa zona.

519. Trabaja todo tu cuerpo con una plancha lateral. Acomódate en el piso de lado, apóyate en el antebrazo y estira las piernas. Después levanta la cadera y alíneala con las rodillas. Mantén por un minuto esta posición y cambia de lado.

520. Subir escaleras es un excelente ejercicio para tener una buena circulación. Evita los elevadores.

521. En las escaleras de tu casa sube un escalón con la pierna derecha, mientras la izquierda debe quedarse en punta. Sube con la misma pierna 20 veces y cambia.

522. Ponte de frente a las escaleras, flexiona tu pierna derecha y coloca tu pie derecho en el escalón más alto que alcances, después impúlsate para levantar la otra pierna y ponerla en el mismo escalón. Repite 10 veces cada lado.

523. En lugar de subir y bajar un escalón a la vez, sube de dos en dos.

524. Anda en bicicleta o patina 30 minutos diarios para fortalecer tus muslos y tus glúteos.

525. Al andar en bicicleta, te recomiendo que en lapsos de un minuto te levantes del asiento y trabajes más pierna y abdomen.

526. En una bicicleta fija puedes fortalecer los músculos de las piernas, únicamente si realizas el entrenamiento en la intensidad más alta.

527. Para definir los glúteos colócate frente a la pared apoyando tus manos a la altura del pecho. Después levanta hacia atrás cada pierna 20 veces como si fuera una patada de burro.

528. Colócate en el piso boca arriba y flexiona las rodillas llevando las plantas de los pies a los glúteos, después, con la mano derecha, toca la planta del pie derecho e intercala.

529. Colócate boca arriba y realiza elevaciones de cadera con las rodillas flexionadas y los talones alineados debajo de las rodillas. Después levanta la cadera tanto como puedas, contrae los glúteos, baja y repite.

530. Para obtener unos glúteos bien torneados recuéstate en el piso y consigue un cajón. Sube los pies, levanta la cadera con firmeza y baja.

531. Para tener glúteos bien definidos colócate en el piso en cuatro puntos. Levanta una de las piernas alineada con la cadera. Realiza círculos a la derecha y a la izquierda. Después cambia de pierna.

532. Cuando estés esperando el autobús o parado en la fila de la caja del supermercado aprieta los glúteos y mantenlos duros durante 30 segundos. Esta práctica tonificará y protegerá la columna lumbar.

533. De pie, flexiona las rodillas y junta las piernas. Pon sobre las rodillas las palmas de las manos y flexiona un poco el torso. Estira y contrae las rodillas. Repite 20 veces.

534. Recostado boca arriba y con las rodillas ligeramente dobladas levanta la cadera y la pierna derecha. Mantén la posición 15 segundos y cambia. Al subir aprieta los glúteos.

535. Colócate en postura de lagartija, ahora lleva la rodilla derecha a la altura de la mano derecha. Después levanta la mano derecha, bájala y cambia de lado hasta alcanzar un ritmo de 3 minutos.

536. Cuando estés en el supermercado no uses el carrito usa una canasta. Esta práctica te ayudará a fortalecer los brazos.

537. Asegúrate de que tus brazos siempre estén bien tonificados. Haz ejercicios para fortalecer tu tríceps cada vez que puedas, todo lo que necesitas es una silla. Apóyate con la palma de tus manos en el borde de la silla hacia el frente y sube y baja tu cuerpo sin despegar los pies del suelo. Usa tus tríceps, sentirás el esfuerzo.

538. Levanta un libro pesado con cada brazo y realiza levantamientos a la altura del hombro.

539. Para tener unos brazos fuertes utiliza como mancuernas dos botellas de agua de litro y medio.

540. Para fortalecer tus brazos colócate frente a la pared con las manos a la altura del pecho y simula unas lagartijas.

541. Antes de dormir ponte boca abajo en la cama. Extiende los brazos y las piernas, levántalos por 5 segundos 3 veces.

542. Mientras estás viendo televisión acuéstate en el piso boca abajo, levanta tus brazos con los codos en el piso y apoya tus manos en tus mejillas sosteniéndote.

543. Si quieres tener unos brazos fuertes, colócate boca abajo, apóyate con los antebrazos haciendo una plancha. Las piernas deben estar perfectamente estiradas y apoyadas en las puntas de los pies. Mantén esta posición por un minuto.

544. Apoya las palmas de las manos en el piso y estira los brazos. Abre un poco las piernas y sube la pierna derecha y después la izquierda e intercala. Trabajarás brazos, espalda y abdomen.

545. Para fortalecer tus brazos colócate boca abajo y pon tus manos a la altura de las costillas. Realiza 15 lagartijas pero, en vez de estirar las piernas, haz soporte con las rodillas cruzando los tobillos.

546. Si tienes una mochila, cárgala con 5 bolsas de arroz de medio kilo y trabaja los bíceps levantándola. Haz 3 series con 10 repeticiones.

547. ¿Quieres tener unos brazos y piernas envidiables? Ponte a 4 patas con la espalda recta, extiende el brazo izquierdo y la pierna derecha. Después contrae juntando rodilla y codo. Intercala.

548. En las escaleras de tu casa siéntate de espaldas con las piernas estiradas y apóyate con tus manos en el borde con los nudillos hacia el frente. Después sube y baja. Este es un excelente ejercicio para los brazos y para el abdomen.

549. Coloca las manos en el piso, tus piernas deben estar rectas. Camina con las manos hacia el frente hasta quedar en posición de lagartija. Después vuelve a caminar con las manos hacia atrás y repite. Este ejercicio te sirve para fortalecer los brazos y eliminar grasa abdominal.

550. Para elevar tu ritmo cardiaco realiza el siguiente ejercicio: Párate de puntitas y con los pies alineados con los hombros cruza los brazos. Después da un paso largo tipo salto y extiende los brazos. Sigue saltando y mueve los brazos coordinadamente con los saltos.

551. Para eliminar la flacidez de los brazos realiza el siguiente ejercicio: Ponte de puntitas y levanta las manos como si estuvieras cargando el techo. Estírate lo más que puedas y mantén por un minuto esa posición.

552. Toma un par de botellas de agua, pon los brazos arriba enfrente de ti a la altura del pecho, retrae el brazo derecho, el izquierdo debe quedar estirado, después a la inversa. Repite el ejercicio varias veces.

553. Consigue unos bíceps torneados. Toma una botella de agua en cada mano. Con las manos abajo y las palmas hacia adelante, eleva los antebrazos a la altura de los hombros. Repite 20 veces.

554. En posición de lagartija toma tu mancuerna o botella de agua y, con la mano derecha, súbela y bájala 10 veces. Cambia de mano.

555. Para crear resistencia en tus brazos, siéntate en el piso con los pies estirados y abiertos, no más allá del ancho de los hombros, coloca las manos a la altura de la cadera y levanta los glúteos. Mantén esa posición por un minuto.

556. Toma un par de botellas de agua o unas mancuernillas, pon los brazos arriba y baja poco a poco por el frente. Después sube y baja a los costados por 3 minutos.

557. Para eliminar la flacidez de tus brazos puedes realizar este ejercicio en tu oficina: Toma una botella de agua, siéntate con la espalda recta, sube la mano y bájala controladamente y cambia de brazo.

558. Fortalece los brazos realizando el siguiente ejercicio: De pie abre las piernas no más allá de la apertura de la cadera, toma una botella de agua con ambas manos y súbelas por encima de la cabeza. Mantén los codos arriba y sólo sube y baja los brazos por detrás de la nuca. Realiza 30 repeticiones.

559. Este ejercicio te servirá para tonificar tus brazos y piernas: Ponte de pie y abre tus piernas ligeramente, ahora coloca tus manos como si fueras a boxear con los puños a la altura del rostro. Salta dos veces y da un golpe con el brazo izquierdo y luego con el derecho, intercala por 3 minutos.

560. Mejorar la postura puede crear la ilusión de un pecho más grande. Realiza un esfuerzo consciente para al ponerte de pie, levantar la caja torácica.

561. Toma de tu alacena dos bolsas de frijoles, pon una en cada mano y sal a caminar o a correr.

562. Para obtener un pecho firme colócate en el piso boca arriba, sube las piernas pero mantenlas dobladas. En cada mano sostén una botella de agua de 2 litros, levanta los brazos sobre el pecho y estira las piernas al mismo tiempo.

563. Para fortalecer tu pecho recuéstate en el piso boca arriba con las piernas flexionadas, toma una botella de agua en cada mano y pon tus brazos a los costados. Después levanta los brazos estirando todo lo que puedas. Repite.

564. Este ejercicio es excelente para tonificar el pecho. Inicia de pie con el cuerpo alineado y con una botella de agua de un litro en cada mano. Inclínate hasta que el pecho esté paralelo al suelo dejando caer los brazos y levanta la pierna derecha hacia atrás. Realiza movimientos de remos con tus brazos estirados y encogiendo los codos en 20 tiempos. Estira tus brazos y ponte de pie. Después alterna.

565. Si algún día se te complica realizar actividad física exhaustiva, camina por lo menos por 30 minutos.

566. Si no puedes correr, camina 15 minutos a paso ligero, eso significa que tendrás que elevar tu ritmo cardíaco. Lo sentirás en tu respiración, debe acelerarse. Una buena forma de saber si lo estás haciendo bien es que si hablas por celular mientras caminas te constará mantener la conversación. Por eso: ¡No hables por celular cuando camines o corras!

567. Cualquier distancia es manejable si tienes el tiempo, así que considera caminar a lugares que normalmente conduces, como el trabajo o el mercado si no están demasiado lejos. Te puedes tardar más tiempo pero los beneficios de salud durarán toda la vida.

568. Después de comer no te quedes acostado o sentado, sal a caminar unas cuantas calles para que tu digestión se acelere.

569. Si nunca has hecho ejercicio comienza con tus actividades cotidianas: camina al mercado, bájate del camión una parada antes y camina. Sube escaleras y contrae los músculos.

570. Fortalécete con zancadas y caminando con los pies alineados a la cadera, da un paso grande hacia adelante y baja la cadera flexionando las dos piernas. Desliza el otro pie y repite.

571. Cuando camines contrae el abdomen, consigue la marcha adecuada y ejercita los músculos al mismo tiempo.

572. Tómate unos minutos al medio día y realiza 5 sentadillas, esta práctica te ayudará a que tu cuerpo no se oxide.

573. Para realizar sentadillas de Sumo (como los luchadores orientales), baja las caderas como si te sentarás con las manos en medio de las piernas, como si quisieras tocar el suelo. Al subir, alza los brazos como si completarás un círculo.

574. Coloca tus manos en el respaldo de una silla. Abre las piernas a la altura de la cadera. Realiza una sentadilla y levanta la

pierna derecha por un minuto. Haz otra sentadilla y levanta la izquierda y así sucesivamente.

575. Para tener más resistencia, practica el siguiente ejercicio: Alinea los pies con los hombros, sostén una botella de agua de 2 litros con ambas manos, realiza una sentadilla y lleva la botella al suelo. Después eleva las manos con la botella por encima de la cabeza y repite el ejercicio.

576. Consigue un palo de escoba, tómalo con las dos manos y colócalo por detrás de la nunca enmarcando los hombros y realiza 5 sentadillas. Trabajarás piernas y brazos.

577. De pie, abre tus piernas al compás de la cadera, realiza una sentadilla y lateralmente levanta la pierna derecha. Realiza otra sentadilla y levanta la izquierda hasta que alcances un buen ritmo.

578. Toma una mancuerna o una botella de agua con las dos manos y súbela por arriba de la cabeza y realiza sentadillas. Recuerda mantener la espalda recta.

579. Con un costal de semillas de 30 cm x 20 cm realiza el siguiente ejercicio: Colócate en posición de sentadilla, avienta hacia arriba el costal y captúralo en una sentadilla. Gira el tronco de izquierda a derecha y vuelve a intentarlo.

580. Abre los pies a la altura de la cadera, baja haciendo una sentadilla. Después sube con impulso y en el aire junta rápidamente los talones. Al caer abre de nuevo las piernas.

581. Realiza un circuito de sentadillas. Toma con las dos manos una botella de agua, realiza la sentadilla y pon la botella en el suelo. Sube y baja tomando de nuevo la botella, da un paso grande y repite por 3 minutos.

582. Colócate en el piso con las manos entrecruzadas detrás de la cabeza y con los codos separados de las orejas, despega los omoplatos del suelo. Gira el tronco y flexiona una pierna hasta tocar el codo con la rodilla opuesta e intercala.

583. Para tener una cintura defi-
nida y pequeña toma el palo de la
escoba con las dos manos, levántalo y
muévete de lado a lado.

584. Siéntate en el piso con las rodillas
flexionadas y cruza los pies. Después inclínate hacia atrás y toma una pelota con ambas
manos. Gira el tronco y lleva la pelota al exte-
rior de la cadera. Repite el movimiento lado a
lado.

585. Para tener una mini cintura
realiza el siguiente ejercicio: De pie
y con los pies a la altura de la cadera,
mueve tu cadera de derecha a izquierda, no flexiones las rodillas
y tampoco el torso. Toma tu ritmo y realízalo por un minuto.

586. Para evitar las llantitas y que se te note la cintura realiza
el siguiente ejercicio: Ponte de pie, levanta los brazos y crúzalos
por encima de tu cabeza. Flexiona lateralmente hacia el lado derecho y después hacia el izquierdo.

587. Siéntate en el suelo y dobla las piernas, ahora toma una
pelota con las dos manos a la altura del pecho y gira el tronco.
Cuando quedes con la pelota en el ombligo levanta los brazos.

588. Realiza una flexión con la pierna derecha y toma una botella de agua con las dos manos. Al estar en la flexión gira de
izquierda a derecha y después cambia de pierna. Repite el giro
15 veces de cada lado.

589. De pie, abre las piernas y flexiona las rodillas de una forma cómoda. Ahora coloca las manos a los costados y baja la mano derecha como si te la estuvieran jalando e intercala.

590. Con el hula hula realiza el siguiente ejercicio para que tengas una cintura pequeña. Realiza movimientos de cintura con el aro por 2 minutos, descansa uno y haz 2 minutos más.

591. Consigue una banda elástica o compra un resorte ancho y realízala tú mismo. Colócate en el piso de lado, recostado sobre tu costado con la cinta elástica en los tobillos y sube la pierna que queda arriba hacia el techo como tijera. Haz de 8 a 16 repeticiones sin flexionar rodillas. Cambia de pierna.

592. Si quieres tener unas piernas fuertes párate de puntitas, levanta los brazos y controla tu equilibrio.

593. Las bancas de los parques pueden ser de gran utilidad para fortalecer tus piernas. Sólo sube las piernas a ellas, como si fueran grandes escalones.

594. Para tener unas piernas bien torneadas, ábrelas al compás de la cadera, flexiona como si fueras a sentarte, impúlsate y da un salto alzando las manos. Repite varias veces.

595. Para tener unas piernas fuertes ponte de pie, abre las piernas al compás de la cadera, flexiona como si fueras a sentarte y mantén la posición por un minuto y descansa. Con 3 minutos diarios basta.

596. Practica las patadas rectas. Ponte de pie, levanta una de tus piernas dando una ligera patada y trata de tocar la punta del pie con la mano contraria de la pierna e intercala.

597. Con los pies ligeramente separados y los brazos a los costados, da una zancada flexionando la pierna y manteniendo la otra recta. Vuelve a la postura inicial y realízalo del otro lado.

598. Si tienes un perro llévalo a correr y deja que vaya por delante. Te sorprenderá el ejercicio que harás si corres tras él.

599. Otro buen ejercicio para las piernas es el siguiente: De lado da 4 pasos hacia tu derecha, levanta 2 veces la rodilla derecha y la rodilla izquierda. Camina hacia el otro lado y repite.

600. Colócate en el piso boca abajo con las piernas y brazos estirados. Después levanta una pierna y el brazo opuesto, baja y repite con el otro lado.

601. En posición de plancha apóyate en los antebrazos, levanta una pierna y cambia de lado alternando por un minuto.

602. Siéntate en una silla y mantén la espalda recta. Eleva una pierna al tiempo que la extiendes para formar un ángulo de 90 grados. Regresa y cambia. Realiza 3 series de 20 estiramientos.

603. Párate de lado de una silla con el brazo extendido en el respaldo, levanta lateralmente tu pierna en un ángulo de 45 grados. Realiza 4 series de 15 repeticiones.

604. Colócate boca arriba, estira las piernas y pon los brazos al costado. Levanta la pierna derecha con la punta hacia el techo y la izquierda levántala tan sólo 5 cm del piso e intercala simulando unas tijeras.

605. Fortalece tus muslos colocándote de pie con las manos detrás de la nuca, flexiona la rodilla derecha y colócala en la pantorrilla izquierda y ve subiendo lentamente. Mantén por un minuto y alterna.

606. Colócate en el piso y estira la pierna derecha mientras que, doblando la otra pierna, pones el pie izquierdo tocando el muslo derecho, quedarás como un número 6. Estírate y trata de tocar la punta del pie derecho con la mano, sostén, después intercala. Estarás trabajando la zona lateral de los abdominales.

607. Consigue una silla resistente y fija. Párate derecho, sube la pierna derecha y después la izquierda. Trata de subir lo más derecho que puedas y baja de reversa.

608. Sentado en una silla coloca las manos detrás de la nuca. Levanta las piernas y simula el pedaleo de una bicicleta por un minuto. Este ejercicio te sirve para tornear las piernas y definir el abdomen.

609. Acostado sobre tu espalda estira tus manos en forma de cruz, dobla las piernas y déjalas caer de lado derecho y después de lado izquierdo. Asegúrate de no mover la espalda del piso. Sólo mueve las piernas.

610. Recuéstate de lado derecho, después recarga tu cabeza en tu mano. Levanta ligeramente tu pierna derecha y da una patada hacia adelante y hacia atrás 15 veces. Después cambia de lado.

611. Colócate al costado de una silla y sube una pierna de tal forma que quedes como un compás. Con la pierna que queda abajo realiza flexiones. Intercala piernas.

612. Para fortalecer tus muslos, recuéstate sobre tu espalda y pon los brazos al costado. Cruza tus piernas y levántalas 30 cm del piso. Repite el ejercicio 20 veces.

613. Ponte de pie, sube la rodilla derecha y aplaude por debajo y arriba de ella hasta alcanzar un ritmo de 3 minutos.

614. Ponte de pie y sube la rodilla derecha, ahora junta las manos y lleva los codos a la rodilla. Intercala la pierna.

615. Sube la pierna derecha a una silla, mantén la espalda recta y entrelaza las manos frente a ti. Ahora, con la pierna izquierda realiza flexiones por un minuto y cambia.

616. Ponte de pie y sube la pierna derecha al mismo tiempo que llevas el codo izquierdo. Al incorpórarte patea con la pierna izquierda y alterna.

617. Toma con la mano derecha el respaldo de una silla. Ahora eleva la rodilla izquierda a la altura de la cadera y bájala en flexión lo más que puedas e intercala.

618. Para tornear tus piernas realiza el siguiente ejercicio. Haz una sentadilla y al subir da una patada al frente, baja y vuelve a hacer otra sentadilla y patea con la otra pierna. Haz 15 repeticiones de cada lado.

619. Para obtener unas pantorrillas definidas realiza el siguiente ejercicio: Siéntate en el piso y coloca tus manos detrás de tu espalda, estira una pierna mientras que flexionas la otra hacia tu estómago. Intercala por 3 minutos.

620. Colócate boca arriba y contrae las rodillas con los talones juntos sin levantar la cabeza ni la zona lumbar, después extiende las piernas dando ligeras patadas como rana y repite la misma acción.

621. Ponte boca abajo y coloca los antebrazos debajo de tu pecho, después estira las piernas y mueve el brazo derecho hacia adelante y da un paso de costado con la pierna izquierda. Alterna y realiza una caminata.

622. Colócate boca arriba y flexiona las piernas. Mantén las manos abajo y en seguida levanta la pierna derecha. Con las manos trata de tocar la punta del pie. Repite 15 veces y después cambia de pierna.

623. Recostado sobre tu espalda, estira las piernas y coloca las manos a un costado de los glúteos. Levanta la pierna derecha lo más que puedas y baja. En seguida levanta la izquierda y toma ritmo hasta completar un minuto.

624. Siéntate en una silla y pon las dos manos en el respaldo, separa las piernas ligeramente y sube de puntillas. Mantén 5 segundos y baja. Repite 30 veces.

625. De pie y con la espalda recta, levanta la rodilla derecha a la altura de la cadera, balancea y lleva esa misma pierna hacia atrás haciendo una flexión. Repite 10 veces con la misma pierna e intercala.

626. Mantén el equilibrio con la pierna izquierda, baja inclinándote hacia adelante apoyando las manos en el suelo. Cuando estés apoyado impúlsate con las manos para regresar. Equilibra y repite por un minuto. Después cambia de pierna.

627. Para trabajar la parte interior de la pierna realiza el siguiente ejercicio: Colócate en el piso de costado y recarga tu cabeza en una de tus manos, la cual estará haciendo escuadra en el piso para mayor soporte. Dobla las rodillas y, la que queda por encima, súbela y mantenla por un minuto elevada, baja y descansa 10 segundos, repite 3 veces y cambia de lado.

628. Toma un palo de escoba. Tómalo como si fuera un bastón con la mano derecha. Ahora lleva el pie derecho hacia atrás y dobla un poco la pierna izquierda. Con la pierna derecha sube y baja sólo la pantorrilla dejando que la rodilla sea la que marque el movimiento. Al bajar da dos toquecitos con la punta en el suelo y sube. Hazlo por un minuto y cambia de pierna.

629. Para endurecer piernas y glúteos realiza el siguiente ejercicio: Ponte de pie con la espalda completamente recta. Separa los pies alineados a los hombros y extiende los brazos al frente. Agáchate hasta que los muslos estén al menos paralelos al suelo y aguanta la postura por medio minuto, reincorpórate y vuelve a intentar por lo menos 10 veces.

630. Para eliminar la chaparrera realiza el siguiente ejercicio: Ponte de pie y abre las piernas a la altura de la cadera, realiza una sentadilla y al subir lleva una rodilla al pecho, bájala y repite haciendo un circuito de 20 sentadillas y levantamiento de rodillas. Haz 10 de cada lado.

631. De pie y derecho, levanta la pierna izquierda, con la derecha sube y baja de puntitas 5 veces de manera controlada y cambia.

632. Un movimiento básico que te ayudará a obtener condición es correr hacia atrás sobre las puntas de tus pies al tiempo que mueves los brazos.

633. Si no te gusta correr no lo hagas. No tienes que correr un maratón para mantenerte en forma. Con 10 minutos de cardio al día es más que suficiente para la mayoría de las personas.

634. Cuando corras asegúrate de incrementar la velocidad, mientras más trabajo te cueste quemarás más calorías.

635. Si quieres fortalecer tu espalda colócate en el piso boca abajo, sube las manos y los pies al mismo tiempo y repite varias veces.

636. Si andas en un parque y ves un pasamos, úsalo. Puedes colgarte y aguantar unos segundos. Con este ejercicio trabajas la espalda.

637. Si quieres tener una espalda sin grasa abre tus piernas no más allá de tu cadera, simula que tiras algo entre tus piernas y lo recoges flexionando las rodillas.

638. De espaldas a la pared recárgate, después deslízate hacia abajo como si estuvieras sentado y aguanta unos minutos. Con este ejercicio fortalecerás espalda y piernas.

639. Consigue 2 bolsas de arroz para que las sostengas una con cada mano. Alinea las piernas a la altura de los hombros y realiza una sentadilla con la espalda recta e incorpórate.

640. Toma una silla por la parte del respaldo con las dos manos y brazos estirados. Inclina tu espalda hasta que quede recta, sube una pierna y mantenla por medio minuto. Después cambia de pierna y repite 10 veces.

641. Después de hacer ejercicio masajea tu

espalda. Siéntate en el borde de una colchoneta, pega los tobillos a los glúteos, abraza las piernas y baja la barbilla al pecho, ahora impúlsate hacia atrás, como pelota. Repite 5 veces.

642. Colócate frente a una pared y pon las manos sobre ésta a la altura de tus costillas, da un paso grande hacia atrás y baja la espalda sin que te jorobes. Mantén por un minuto. Da un paso al frente e incorpórate.

643. Pon tus rodillas y antebrazos en el piso y mantenlos firmes, asegúrate de tener la espalda recta y deslízate hacia adelante y luego hacia tras. Trata de mantener el ritmo.

644. Inicia este ejercicio en posición de flexión o lagartija pero coloca los pies un poco más adelante y levanta la cadera de forma que te veas como una V invertida. Con la cadera en alto usa los brazos para bajar el cuerpo hasta que el pecho casi toque el suelo. Luego baja la cadera hasta que casi toque el suelo al mismo tiempo que levantas la cabeza y los hombros hacia el techo. Vuelve a la posición inicial y repite hasta que sientas calientes los músculos ya que trabajarás espalda, brazos piernas y abdomen.

645. Cuando estés sentado, mantén una postura erguida y mete el abdomen. Tener el estómago distendido no ayuda a la posición de la espalda.

646. Juega con tu perro, usa una pelota. Aventar la pelota es un buen ejercicio.

647. Una pelota es un buen aliado para mover el cuerpo. Puedes arrojarla sobre una pared y tomarla cuando rebote.

648. Consigue una pelota y tómala con las dos manos, coloca los pies ligeramente separados, da un paso hacia atrás y flexiona las rodillas e intercala.

649. Realiza zancadas cruzadas con una pelota. Inicia con los pies ligeramente separados y los brazos hacia adelante sosteniendo la pelota. Da un paso atrás con la pierna derecha poniéndola atrás casi cruzada con la otra pierna. Baja el tronco al suelo y flexiona las dos rodillas y vuelve a subir. Repite con la otra pierna.

650. Siéntate en el piso con las piernas cruzadas y las rodillas flexionadas. Inclínate un poco hacia atrás, sujeta una pelota con ambas manos y colócala del lado izquierdo a la altura de la cadera. Gira hacia el lado derecho subiendo la pelota por encima del hombro. Baja a la cadera de nuevo y repite por un minuto e intercala.

651. Con los pies separados en paralelo a los hombros y las rodillas un poco flexionadas, sostén una pelota con los brazos extendidos sobre la cabeza. Ahora, sin doblar los codos, rota los brazos en dirección opuesta a las agujas del reloj trazando círculos frente al cuerpo. Realiza 20 círculos y después invierte el sentido de la rotación y haz 10 más.

652. Separa los pies un poco más de lo ancho de los hombros. Con los brazos casi estirados sostén una pelota por encima de la cabeza. Después flexiona la cintura y haz como si fueras a lanzar la pelota entre las piernas pero sin soltarla en ningún momento.

Deshaz el movimiento rápidamente y con la misma intensidad vuelve a la posición inicial.

653. Recuéstate en el piso y sostén una pelota con ambas manos. Flexiona las rodillas 90 grados, apoya bien los pies en el suelo y sujeta la pelota contra el pecho. Después realiza el típico movimiento abdominal de suelo levantando el tronco hasta la posición inicial. Realiza 2 series de 15 repeticiones de abdominales.

654. Recostado y boca arriba, estira las piernas. Toma una pelota con las dos manos y sostenla sobre la cabeza, casi rozando el suelo. Levanta el torso al tiempo que flexionas la rodilla derecha en dirección al pecho y acerca la pelota al pie. Regresa al inicio del movimiento y repite. Después cambia de lado.

655. Toma una pelota y acuéstate en el suelo con las piernas estiradas y abiertas. Apóyate en el costado derecho con los brazos estirados y el balón dirigido hacia las 10 del reloj por encima de la cabeza. Después levanta los brazos y el torso y luego haz que la pelota toque el suelo entre las piernas. Baja el cuerpo pero en lugar de volver a rodar hacia la derecha, hazlo hacia la izquierda y orienta la pelota hacia las 2 del reloj, por encima de la cabeza. Repite el movimiento de lado a lado por 2 minutos.

656. Aumenta tu metabolismo dando pequeños saltitos, puedes poner una cuerda y saltar por encima de ella unos 10 saltos. Comienza muy despacio.

657. ¡Actívate donde sea! Es importante no estar estáticos todo el tiempo. Cuando eso suceda ponte de pie y da saltos laterales de izquierda a derecha por un minuto.

658. Cuando te subas al elevador, levanta los dedos del pie. Hazlo varias veces. También intenta flexionar los músculos de los glúteos.

659. Procura hacer consciente tu respiración en todo momento y respirar desde el abdomen y no a nivel del pecho solamente. Esto fortalecerá también tus músculos y te dará mejor condición física.

660. Para tener un corazón sano alinea los pies con la cadera, flexiona las rodillas y salta hacia adelante y hacia atrás con movimientos rápidos y breves.

661. Para realizar el salto de rana flexiona las piernas, salta tratando de que tus pies queden justo a un costado de las manos y mantén el pecho erguido. Salta a la posición inicial y vuelve a comenzar.

662. Con un pie atrás y el otro más atrás en posición de zanca, salta y cambia de pierna. Aterriza suavemente y repite del otro lado por 30 segundos. Con este ejercicio quemarás muchas calorías.

663. Escalar es un buen ejercicio por eso, en posición de flexión o lagartija, da un salto llevando uno de los pies hacia las manos manteniendo la rodilla en medio de los brazos. Después alterna.

664. Salto a salto llega a tu meta. Empieza haciendo una sentadilla, salta lo más lejos que puedas en esa posición y aterriza suavemente. Repite varias veces. Realiza el mismo ejercicio pero esta vez da saltos laterales.

665. Alinea tus pies con la cadera y flexiona ligeramente las rodillas, da un salto y en el aire sube las rodillas hasta el pecho. Cuando bajes flexiona las rodillas y vuelve a saltar.

666. Para realizar el salto de rana intercalado, colócate en posición de lagartija, de forma rápida lleva un pie a la altura de la mano del mismo lado e intercala los pies saltando por 30 segundos.

667. Colócate en posición de lagartija, salta poniendo los pies cerca de las manos. Ahora salta hacia arriba y levanta los brazos. Cuando bajes coloca las manos en el piso y vuelve a la posición de lagartija. Repite varias veces.

668. Para acelerar tu metabolismo salta sobre un pie 15 veces y cambia. Repite por lo menos 15 veces con cada uno.

669. También puedes saltar la cuerda, hazlo por lo menos durante 2 minutos, descansa uno y repite.

670. Sube la pierna derecha a una silla y con la izquierda da ligeros saltos por un minuto y cambia. Debes tener la espalda recta.

671. Dale 5 vueltas a tu calle. Cada vez que llegues a la esquina, salta 10 veces y continúa corriendo.

672. Si no tienes una cuerda, simula que tienes una. Párate y mueve las manos en círculo, como si la tuvieras. Salta alternando los pies, no lo hagas con los dos pies al mismo tiempo.

673. Da un brinco a la izquierda, uno a la derecha, uno atrás y uno hacia adelante. Después realiza 2 sentadillas y repite el ejercicio por 2 minutos.

674. Para realizar los llamados "saltos de estrella", ponte de pie y, con las piernas juntas y los brazos a los costados, da saltos abriendo las piernas en compás y los brazos hacia arriba como si estuvieras señalando de forma rápida los picos de una estrella. Sólo salta durante 2 minutos.

675. Coloca en el piso una toalla doblada por la mitad. Ponte a un costado y sáltala con un ritmo constante por un minuto. Después descansa y haz otro minuto.

676. Salta hacia el lado derecho, toca tus tobillos y vuelve a saltar del otro lado. Repite por 3 minutos.

677. Toma una bolsa de frijoles en cada mano y salta levantando la rodilla derecha y enviando la mano izquierda al frente. Intercala pierna y mano al ritmo que saltas por 3 minutos.

678. Bailar es un buen ejercicio, puedes tomar clases o simplemente poner música y hacerlo. Es importante que subas tu nivel cardiaco.

679. Separa las piernas ligeramente y gira las caderas bailando twist durante 15 segundos, mueve los brazos para que sea más intenso. Te aseguro que tu cintura te lo agradecerá.

680. Pon música y baila como salvaje. Deja que tu cabello caiga hacia abajo de vez en cuando. Piensa de nuevo en esos días de juventud que bailabas desenfrenadamente.

681. Entra a una clase de baile, además de quemar calorías te divertirás. Te lo garantizo.

682. Trota 5 minutos como si estuvieras marchando, levanta las rodillas a la altura de la cadera y bracea con rigor. Con este ejercicio subirás tu ritmo cardiaco y quemarás bastantes calorías.

683. Para lucir unos hombros bien definidos realiza el siguiente ejercicio: Separa los pies a la altura de la cadera, procura tener en cada mano una botella de un litro de agua, sube los brazos hasta la altura de los hombros con los codos flexionados, después eleva por encima de la cabeza y repite.

684. Otro ejercicio para tener unos hombros bien fortalecidos: Siéntate en una silla sin recargarte en el respaldo y toma una bolsa de lentejas de un kilo en cada mano. Ahora inclínate colocando la cabeza entre las rodillas. Baja las manos por detrás de los pies y sube hasta que los codos estén a la altura de la espalda. Repite 20 veces, descansa y repite una vez más.

685. Para tener unos hombros y unos brazos fuertes realiza el siguiente ejercicio: Ponte en posición de lagartija con el cuerpo recto, pies juntos y brazos totalmente extendidos. Baja el cuerpo hasta que el pecho esté a un par de centímetros del suelo y aguanta lo más que puedas. Reincorpórate y repite 3 veces más.

686. Si quieres tener hombros, brazos y un abdomen fuertes, colócate en posición de lagartija y con las palmas en las manos simula un triángulo. Abre las piernas a la altura de la cadera y realiza las lagartijas. Haz 10 y descansa. Repite otras 10.

687. Sube y baja por 15 minutos las escaleras, dobla los codos en 90 grados y muévelos al ritmo con el que subes y bajas. Con este trabajo cardiovascular quemarás 25% más de calorías.

688. Para quemar calorías coloca las rodillas en el piso y cruza los tobillos, pon las manos como soporte pero una estará a la altura de la oreja y la otra a la altura del pecho. En esa posición haz una lagartija y cambia las manos. Realiza 15 de cada lado.

689. De pie y con la espalda recta imagina un triángulo en el piso. Da un paso con el pie derecho adelante mientras que das otro paso adelante con el izquierdo y regresas con el derecho. Toma tu ritmo. Te aseguro que quemarás muchas calorías.

690. Para quemar más calorías, salta 3 veces y da una patada al frente con la pierna derecha y en seguida, con la izquierda, da una patada hacia atrás. Vuelve a saltar y cambia.

691. Cuando vayas al campo, al parque o a la playa lleva un frissbee contigo. Arrójalo y ve por él. Es una excelente manera de quemar calorías. Aparte es una excelente oportunidad para estirar tus músculos y articulaciones.

692. Siéntate en el piso, junta las piernas y mantén la espalda recta. Después intenta tocar las puntas de los pies con las manos sin levantar la cadera. Con este ejercicio obtendrás flexibilidad.

693. Acostado sobre la espalda, toma tus rodillas con ambas manos. Después estira los pies y las manos lo más que puedas y vuelve a tomar las rodillas. Realiza este ejercicio 15 veces.

694. Para tener flexibilidad en las piernas siéntate en el piso y flexiona los pies juntando las plantas de los pies, sostenlas con las manos y trata de bajar las rodillas al piso. Mantén por un minuto y relaja.

695. Recuéstate sobre tu espalda, coloca una pelota entre los tobillos, levanta las piernas rectas, al mismo tiempo levanta las manos para tomar la pelota, estira y repite.

696. Estírate. Toma una toalla con la mano derecha de un extremo y llévala por detrás de tu espalda por arriba. Lleva la mano izquierda atrás y toma la toalla por debajo y jala los extremos como si fuera una cuerda para estirar los tríceps. Sostén por 5 segundos y cambia de manos para repetir la acción.

697. Sentado en el piso coloca las manos detrás de la espalda como apoyo, flexiona las piernas y levanta la cadera hasta quedar como una mesa y mantén esa posición por un minuto.

698. Acuéstate en el piso boca arriba, extiende los brazos en forma de cruz, levanta las piernas con las puntas al techo y muévelas de lado a lado sin levantar la cadera por un minuto.

699. Estírate boca arriba ahora, con los pies bien apoyados en el suelo y ligeramente en escuadra, toma una botella o bolsa de

frijol en cada mano. Impúlsate con los talones, levanta la cadera y extiende los brazos, deben estar despegados por lo menos 10 centímetros del suelo. Aguanta 2 segundos y recupera lentamente la posición inicial.

700. Los columpios son muy divertidos y para hacer ejercicio son buenísimos. Apoya tus pies sobre el asiento del columpio, con tus manos apoyadas en el suelo, estira el cuerpo y dobla las rodillas lentamente hasta que queden a la altura del pecho y regresa a la posición inicial. Haz 20 repeticiones.

701. Para relajarte después de hacer ejercicio ponte boca arriba y coloca el pie izquierdo sobre la rodilla derecha, lleva las dos piernas al pecho, coloca las manos detrás de la pierna derecha, respira profundamente y cambia.

702. Trata de hacer ejercicios de respiración. Los ejercicios de respiración pueden conducir a la pérdida de peso.

703. Si los haces correctamente, encontrarás que puedes ejercer una gran presión sobre los músculos alrededor de la sección media de tu cuerpo.

704. Se puede sentir un endurecimiento de los músculos cada vez que se inhala o exhala. Así que respirar bien es bueno para ti.

705. Respira tan fuerte como puedas y mete el aire en tu estómago lo más que puedas. Sostén el aire durante unos segundos

y suelta lentamente la respiración. Ten cuidado de no dejar salir el estómago.

706. Trata de mantener la respiración unos 7 segundos de forma profunda, recordando exhalar muy lento (sacar el aire). Hazlo de 5 a 7 veces al día.

707. Después del primer día de hacer ejercicios de respiración, debes sentir que los músculos de tu estómago están más apretados y duros. Al llegar a los 20 días de hacerlos habrás perdido por lo menos un centímetro de cintura.

708. Los ejercicios de respiración harán que tus músculos se fortalezcan cada día más.

709. Practica esto durante 20 días. Al final de los 20 días, habrás perdido por lo menos una pulgada.

710. Si tienes pareja que te dé un masaje. Esta es una forma divertida de perder peso. Los masajes te pueden dar a ti y a tu pareja, si la tienes, gran placer y al mismo tiempo, la posibilidad de hacer ejercicio.

711. El yoga es una de las mejores maneras de reducir peso. Uno de sus beneficios es que aprendes a controlar prácticamente todos los músculos y articulaciones de tu cuerpo.

712. Después de hacer ejercicio puedes conseguir una pelota de agua o gel, para masajear tu cuerpo.

713. Juega tenis o básquetbol. Los juegos son una forma divertida de perder peso.

714. Para algunos puede ser más excitante realizar este tipo de deportes en equipo que hacer rutinas. Descubre qué te gusta más.

715. Si hay una piscina cercana ve a nadar a la hora que puedas. La natación es uno de los mejores ejercicios para mover todo el cuerpo.

716. Recuerda que lo importante es que hagas ejercicio. Encuentra lo que te guste y no lo dejes para mañana.

DUERME Y DESCANSA

717. El ciclo de sueño consta de cuatro etapas, si las conoces entenderás la importancia de dormir bien.

718. En las etapas 1 y 2 el sueño es ligero. Aquí es cuando tu cerebro apenas está entrando al sueño. Las ondas cerebrales comienzan a disminuir notablemente.

719. En las etapas 3 y 4 el sueño es profundo, a veces es difícil llegar a estas etapas debido a despertares frecuentes.

720. Es indispensable llegar a las etapas 3 y 4 porque son los ciclos reparadores.

721. Cada uno de los ciclos de sueño dura unos 90 minutos

aproximadamente y pasas por 4 a 6 de ellos durante la noche si duermes lo suficiente.

722. Si no llegas a las etapas profundas de sueño envejecerás más rápido.

723. ¿Cómo saber cuándo es la hora adecuada para acostarse y la cantidad de sueño que realmente necesitas para descansar? Cuenta atrás 5 ciclos de 90 minutos, o sea de 7 a 5 horas, y fija la hora del despertador cada noche. Si despiertas dentro de los 10 minutos anteriores a que suene tu alarma por la mañana, después de tres días de ir a la cama a "tu hora de acostarte", quiere decir que encontraste tu hora exacta para irte a dormir.

724. Duerme totalmente a oscuras para que tengas un descanso reparador.

725. Con la oscuridad se activan las hormonas que repararán tu cuerpo.

726. Si no puedes dormir en completa oscuridad, usa un antifaz. Despertarás más descansado.

727. Cuando tengas la necesidad de levantarte por la noche, procura no encender la luz. La luz interrumpe el ciclo de sueño cerebral.

144

728. Duerme de 8 a 10 horas para que el cuerpo sane y cumpla sus funciones.

729. Si quieres bajar de peso tienes que dormir, mínimo, 8 horas.

730. Mantén tus horarios.

731. El sueño no se repone nunca. Debes ser responsable de tus horarios.

732. Si estás en una fiesta, salte a una hora adecuada para que puedas descansar.

733. Toma un baño una hora antes de acostarte para que tu temperatura corporal descienda y puedas dormir profundamente.

734. A partir de las ocho de la noche debes comenzar a desacelerar tanto tu cuerpo como tu mente.

735. Baja tu nivel de ocupaciones al anochecer e intenta tener la mente tranquila.

736. Los niños pequeños, de uno a 3 años, necesitan alrededor de 12 a 14 horas de sueño en un periodo de 24 horas.

737. Los niños después de los 5 años ya no deben dormir siesta.

738. Es importante que los niños duerman en una habitación fresca, tranquila, oscura y sin televisión.

739. Las mamás que tienen hijos en edad escolar deben dormir mínimo 7 horas y media para que puedan descansar y sus hijos deben dormir entre 9 y 11 horas.

740. Si los niños no duermen entre 9 y 11 horas, al día siguiente serán totalmente improductivos y comerán azúcar para poder sobrellevar el día.

741. Alrededor del 16% de los niños roncan un par de veces a la semana. Si oyes roncar a tu hijo o te das cuenta que tiene una respiración ruidosa coméntaselo a su pediatra.

742. La apnea del sueño (episodios de interrupción de la respiración durante el sueño) es cada vez más común en los niños, especialmente en los que tienen sobrepeso y no los deja descansar al 100%.

743. Los niños de 5 a 12 años necesitan de 10 a 11 horas de sueño.

744. Los adolescentes experimentan un retraso en la aparición del sueño y se ponen activos a medianoche con sus computadoras, juegos y teléfonos. La responsabilidad como papás es explicarles lo que implica esto y crearles el hábito del sueño.

745. Debemos fomentar en nuestros adolescentes que por lo menos duerman 8 horas.

746. Los adolescentes son más propensos a la somnolencia durante el día y están más alerta en la noche. Aún así es importante que estén dormidos antes de la media noche.

747. La universidad para mí fue todo un reto porque dormía muy poco y despertaba a las seis de la mañana. Si tienes hijos o tú estás en esta etapa, te recomiendo algunas soluciones realistas que te pueden ayudar: Prioriza tus tiempos.

748. Debes levantarte a la misma hora todos los días. Si te levantas a las seis de la mañana para ir a trabajar tienes que levantarte a esa hora también los fines de semana, aunque hayas llegado a las dos de la mañana de la fiesta.

749. Diseña una rutina para irte a dormir, por ejemplo: Pon música suave, medita, piensa en algo que te haga sentir bien...

750. Los viernes muchos de nosotros estamos agotados y estresados, queremos descansar y dormir tranquilos pero todavía estamos programados para el trabajo y, es por esto, que despertamos frecuentemente de mal humor los sábados.

751. Escribe lo que te preocupa el viernes por la tarde y verás que las soluciones llegan de manera inconsciente. Vas a despertar con una sensación más positiva.

752. Cuando se viaja por países con distintos husos horarios hay que ajustar nuestro reloj biológico a la hora local lo más pronto que se pueda.

753. Si te tienes que quedar sin dormir unas horas más hazlo, sacrifícate. Puedes utilizar el poder del sol u otras fuentes de luz intensa para hacerlo. ¡Vale la pena!

754. Los expertos de sueño en Suiza encontraron que la privación de sueño empeora temporalmente la capacidad mental de las personas.

755. Se analizó a personas que dormían poco y recurrían al uso de cafeína para mantenerse despiertos, y encontraron que las actividades mentales complejas no mejoran con la cafeína. Así que, no la utilices para evitar la sensación de necesidad de dormir.

756. Duerme lo suficiente para que mejores tu rendimiento.

757. Debes tratar de acostarte a la misa hora todos los días, así tendrás un ritmo de sueño.

758. Los hombres y mujeres tienen diferencias básicas biológicas en el sueño y éstas ofrecen tipos específicos de protección:

Las mujeres parecen lidiar mejor con la privación del sueño y los hombres son menos vulnerables a los trastornos del sueño.

759. La Sociedad Americana de Cáncer demostró que las personas que duermen mucho tienen mayor riesgo de muerte. Así que tampoco hay que exagerar.

760. Quedarse dormido está vinculado a algunos problemas de salud como la diabetes y las enfermedades del corazón. Sin embargo, los efectos negativos del exceso de sueño también pueden ser causados por la depresión y bajo nivel socioeconómico.

761. Por ejemplo, las personas de bajos ingresos pueden tener menos acceso a servicios de salud y, por lo tanto, sufren de enfermedades mal diagnosticadas como enfermedades del corazón, lo que puede causar exceso de sueño.

762. Las personas con hipersomnia sufren de somnolencia diurna excesiva que no se suele aliviar con la siesta. Tienden a dormir inusualmente largos periodos en la noche y la experiencia de ansiedad, falta de energía y problemas de memoria son el resultado de su constante necesidad de dormir.

763. Depresión, consumo de alcohol y algunos medicamentos recetados son otras posibles causas de exceso de sueño.

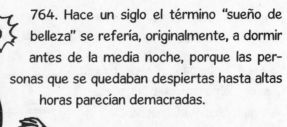

764. Hace un siglo el término "sueño de belleza" se refería, originalmente, a dormir antes de la media noche, porque las personas que se quedaban despiertas hasta altas horas parecían demacradas.

765. Con la falta de sueño a las personas les aparecen círculos oscuros bajo los ojos, también les salen más arrugas.

766. Cuando el sueño es escaso los niveles de cortisol no bajan tanto como deberían por la noche.

767. Y la hormona del crecimiento no sube como debería, lo que socava la fuerza muscular.

768. Se necesita una dosis diaria de hormona de crecimiento, la cual se segrega durante el sueño profundo, para renovar las células y preparase para el día siguiente.

769. Dormir es como el ejercicio, la cantidad importa tanto como la calidad.

770. Esto sigue siendo cierto hoy en día: "Es necesario dormir con el fin de lucir bien".

771. Nadie sabe la respuesta acerca de qué son los sueños. Algunos científicos dicen que representan la organización de ideas, estímulos y sen-

saciones que se recogen a lo largo de un día en una estructura particular para luego ser consultados o retirados. Otros creen que representan el estrés o las luchas en un entorno considerado seguro.

772. Algunos psicólogos piden a sus pacientes que registren sus sueños en un diario y traten de buscar cómo estos pueden solucionar sus problemas.

773. A partir de las ocho de la noche busca que tu cuerpo y tu mente comiencen a desacelerarse. Baja tu nivel de ocupaciones e intenta tener la mente tranquila.

774. Evita discutir en las noches para no estimular los niveles de actividad cerebral.

775. Si estás muy cansado y no logras conciliar el sueño, relájate durante al menos una hora antes de irte a la cama y luego intenta volver a dormir.

776. Cuando intentes dormir recuerda esta frase: Un proceso de curación y de reparación sucede mientras duermo.

777. No veas programas de televisión antes de dormir. Motivarás al cerebro y padecerás de insomnio.

778. Te recomiendo la siguiente técnica para tranquilizar tu cuerpo y para que puedas dormir, hazlo en la cama cuando llegues agotado: Relájate, siente la fuerza de gravedad en tus músculos. Cierra los ojos y toma 2 respiraciones profundas y lentas. Exhala despacio y al hacerlo nota la tensión que abandona tu cuerpo.

779. Después de unos segundos comienza la relajación muscular progresiva, tensa cada uno de los grupos musculares en secuencia. Mantén la tensión en cada uno durante un conteo de 3 y a continuación suéltalo. Presta especial atención a la sensación de liberación cada vez que relajes los músculos. Haz pausa durante 10 ó 15 segundos entre los diferentes grupos musculares.

780. Tensa y suelta los grupos musculares en el siguiente orden: Los pies y dedos de los pies primero.

781. Relaja y tensa ahora las pantorrillas y las piernas.

782. Continúa con los muslos.

783. Ahora hazlo con los glúteos. Apriétalos y relájalos.

784. Sube al área de Abdomen.

785. Después arquea suavemente la espalda baja.

786. Para el pecho, haz una respiración profunda y mantenla.

787. Continúa con manos, (puños) y brazos. Tensa y relaja.

788. Enfócate en los hombros, encógelos hacia las orejas y mantén la posición. Regresa.

789. Para terminar vayamos al rostro: aprieta los ojos cerrados, frunce los labios y sostén la posición. Después abre los ojos y la boca lo más que puedas y mantenlos así unos segundos.

790. Cuando te vayas a dormir piensa en algo positivo que hiciste durante el día y de lo cual te sientas orgulloso. Duérmete feliz.

791. Si no duermes lo suficiente, la piel no será capaz de reconstruir las células muertas y el envejecimiento empezará a manifestarse.

792. Desconecta la televisión y vela sólo los fines de semana. La televisión interrumpe los patrones cerebrales, lo que es sutilmente estresante para tu cuerpo y te mantiene despierto hasta muy tarde.

793. Un buen sueño fortalece tus músculos y evita la flacidez de la cara.

794. Un sueño reparador hace que la piel se vea fresca y lozana.

795. Cuando tenemos un sueño reparador comenzamos el día con energía, nos mantenemos alerta y procesamos más rápidamente la información.

796. Un descanso apropiado revitaliza al cuerpo y aporta energía para realizar al día siguiente actividad física.

797. Si interrumpes tu sueño te puede generar dolores de cabeza, mal humor, falta de energía y otros trastornos que afectarán tu comportamiento del día siguiente.

798. Si no estás acostumbrado a dormir la siesta no lo hagas aunque te encuentres cansado.

799. Cuando tomes una siesta procura no hacerlo en la misma postura de cuando duermes por la noche, ya que el ajuste de la posición para dormir puede significar la diferencia entre la noche y el día.

800. Si duermes con tu pareja pídele que respete tu espacio en la cama.

801. Es necesario llegar a la cama en la noche y dormir.

802. Los relojes despertadores con destellos de luz son un grave error.

803. Trata de despertarte de forma natural y no brusca.

804. Tal vez puedes encontrar relojes con luz que se enciendan de forma lenta y paulatina.

805. Tu despertador debe ser lo menos invasivo posible, sin luces o ruidos. Cuando suene que sea de forma suave.

806. Si la televisión permanece encendida toda la noche por la comodidad de no apagarla, realmente perturbará tu sueño y la producción de la hormona del crecimiento, lo que hará que envejezcas más rápido.

807. Evita tener la televisión en la recámara, aunque esté apagada proyecta luz.

808. Mantén la televisión y las computadoras fuera de la habitación de los niños.

809. Mantén los celulares también fuera de las habitaciones de los niños.

810. Las parejas que no tienen televisión en su cuarto tienen 50% más de sexo que las que sí la tienen.

811. Ver noticias o películas cargadas de emociones fuertes no ayudan a conciliar el sueño rápidamente.

812. No leas en la cama. Este hábito puede provocar insomnio ya que tu cerebro seguirá activo.

813. Leerles a tus hijos es un buen hábito, nada más cuida que sean historias que tengan un mensaje positivo.

814. Elige lecturas agradables para tus pequeños que no los dejen con dudas o preocupaciones durante la noche.

815. Cómprate un buen colchón, que no sea muy rígido ni muy flexible.

816. Un colchón de espuma con memoria que regrese a su posición normal cuando te levantes puede ser muy costoso pero vale la pena invertir en uno.

817. Haz 5 respiraciones profundas antes de dormir, te relajarás y tendrás un buen descanso.

818. Anota tus pendientes del día siguiente antes de irte a dormir. Así te liberarás de la preocupación por lo que tienes que hacer.

819. Desconecta los teléfonos.

820. Debes cortar todas las posibles interrupciones que puedan interferir repetidamente con tu sueño.

821. No dejes que nadie, ni tu pareja, interfiera con tu sueño.

822. Si tú o tu pareja roncan, es síntoma de que algo anda mal.

823. Si tú roncas, por lo pronto cambia de posición cuando duermas o cambia de almohada. Si los ronquidos continúan consulta a un médico.

824. Tus ronquidos o los de tu pareja pueden acabar con parte de tu vida. Los cónyuges pierden en promedio una hora de sueño debido a los ronquidos de su pareja.

825. Si esto te sucede, te recomiendo que uses tapones auditivos o algún aparato de música que baje el nivel del ronquido.

826. Los médicos a menudo recomiendan dormir de lado o elevar la cabeza un poco.

827. Estos cambios evitan los ronquidos y ayudan a que el oxígeno entre y salga de la nariz sin problemas.

828. Si tú o tu pareja roncan lo primero que debes hacer es determinar si la respiración se detiene por breves periodos. Si es así o si escuchas a continuación un gruñido o estrangulación, busca atención médica de inmediato.

829. Los ronquidos fuertes de tu pareja pueden ser más que una simple molestia nocturna.

830. Un estudio realizado en 2008 en la revista Sleep encontró que las personas que roncan tienen un 34% más riesgo de un ataque al corazón, un 40% más de riesgo de tener presión arterial alta y un 67% de riesgo de accidente cerebrovascular que las personas que no roncan.

831. Si es grave el problema, de plano, duerman en cuartos separados.

832. A veces puedes evitar tu ronquido o el de tu pareja con sólo reducir la congestión nasal.

833. Utiliza gotas para la nariz.

834. La comunicación con tu pareja para dormir es esencial. Antes de realizar cambios consúltala.

835. Deja que ella sepa cuáles son tus objetivos, por qué quieres hacer cambios en tu rutina y por qué es importante su ayuda.

836. Si tú y tu pareja tienen problemas para dormir juntos, intenta una vez a la semana dormir solo y prueba. A continuación resuelvan qué es lo que van a hacer.

837. A veces es necesario que las parejas duerman en camas separadas, pero es importante tener en cuenta que la relación podría perderse si se decide por esta opción.

838. No nada más estoy hablando de la intimidad sexual, también estoy hablando del sentido de unidad y la conexión emocional que viene de dormir juntos.

839. Si encuentras que tú o tu pareja padecen somnolencia o roncan es posible que deseen consultar con su médico sobre la calidad del sueño.

840. Las siguientes preguntas te ayudarán a hablar con el médico especialista en el dormir:

841. ¿Cuánto sueño debería tratar de conseguir todas las noches?

842. ¿Qué puedo hacer para promover el sueño de buena calidad?

843. ¿Las enfermedades cardiacas están contribuyendo a los problemas de sueño?

844. ¿Son ciertas posiciones para dormir mejores que otras?

845. ¿Los ronquidos son signo de apnea del sueño?

846. ¿De qué manera la apnea del sueño afecta el corazón?

847. ¿Algunos de los medicamentos que tomo causan somnolencia o insomnio?

848. ¿Qué puedo hacer para mejorar mi nivel de estrés?

849. ¿Existen medicamentos que pueden mejorar el sueño?

850. ¿Existen tratamientos quirúrgicos que solucionen los problemas del apnea?

851. Debes siempre estar cómodo a la hora de dormir.

852. Pon tu teléfono celular en vibrador para que no te interrumpa el sueño.

853. Si tienes frío ponte calcetines, no debes sentir frío en el cuerpo porque te despertarás.

854. No uses ropa ajustada o incómoda porque también impedirá que logres conciliar un buen sueño.

855. El lugar ideal para dormir es una habitación fresca y oscura.

856. Si estás teniendo problemas para dormir debido al calor, quítate la piyama de franela y ponte una de algodón. También puedes abrir la ventana.

857. La temperatura del cuerpo se eleva durante el ejercicio y toma hasta 6 horas para comenzar a disminuir. Te recomiendo que no te ejercites antes de dormir.

858. Debido a que las temperaturas más frías del cuerpo están relacionadas con el inicio del sueño, es importante permitir que tu cuerpo se enfríe antes de dormir.

859. Tu cama sólo tiene que servir para dormir. Si trabajas, estudias o realizas otra actividad en tu cama, tu cerebro recibe órdenes diferentes.

860. El ejercicio, especialmente en el día, es excelente. La luz del sol puede ayudar a fortalecer nuestros relojes circadianos los cuales se debilitan a medida que envejecemos.

861. Realiza ejercicios de yoga. Estas disciplinas trabajan para fortalecer tanto la mente como el cuerpo.

862. El ejercicio es una buena forma de cansarse pero no lo hagas antes de dormir. Realízalo en la mañana o en la tarde pero evítalo en la noche.

863. Practica la yoga o el tai chi. Estas disciplinas funcionan para fortalecer tanto la mente como el cuerpo. Hay indicios de que son benéficos para la salud.

864. Para que tu ciclo circadiano, el que controla los ritmos de tu vida y del sueño, funcione correctamente, da un paseo a medio día de 30 minutos con exposición al sol. Recuerda usar bloqueador.

865. Un estudiante universitario debe hacer ejercicio, éste le ayudará también a regular su sueño.

866. Los estudiantes de primer año suben su ingesta de alimentos y comienzan a subir de peso si no hacen ejercicio.

867. Si eres un atleta de alto rendimiento debes dormir por lo menos de 9 a 10 horas diarias.

868. Un estudio demostró que los jugadores de basquetbol que aumentaron sus horas de sueño mejoraron su rendimiento en la cancha y su estado de ánimo.

869. Investigadores de la Universidad Estatal de Luisiana observaron que más de la mitad de los pacientes que acudían a consulta por falta de sueño tenían deficiencia de vitamina D.

870. Obtén vitamina D caminando 30 minutos diarios bajo el sol, ya sea en la mañana o en la tarde.

871. Evita consumir alimentos una hora antes de irte a la cama.

872. Evalúa qué es lo que comen tus hijos antes de irse a dormir.

873. Si comes galletas o pastel antes de la hora de dormir, no descansarás.

874. Por la noche come alimentos que contengan melatonina: avena, maíz dulce, arroz...

875. La melatonina es la sustancia que ayuda a regular tu reloj biológico.

876. Otros alimentos que te pueden ayudar a dormir son los que contienen serotonina como las verduras o la leche descremada tibia.

877. Come pescado, pollo, quesos, frutos secos, huevos y frijoles pues contienen altos niveles de triptófano y te ayudarán a dormir.

878. El triptófano es un aminoácido indispensable para el organismo.

879. Los alimentos picantes como los ajos, los chiles, la pimienta y otras especias intensas son deliciosos pero pueden producir acidez estomacal y hasta reflujo. No los consumas en la noche.

880. El germen de trigo contiene vitamina B6 la cual se utiliza en medicamentos para dormir pues alivia la ansiedad.

881. Trata de comer una cucharadita de germen de trigo todas las noches para que tengas un sueño reparador.

882. Las semillas de calabaza tienen grandes cantidades de zinc, evitarán que despiertes durante la noche. Lo mejor es tomarlas con puré de manzana u otro carbohidrato saludable.

883. El queso y las galletas integrales 100% de granos o de avena son la mejor opción antes de acostarse.

884. Un sistema digestivo sobrecargado toma horas para relajarse y nos despierta.

885. Disfruta de una cena de 500 calorías.

886. Hay una serie de alimentos que provocan un estado gaseoso como los frijoles, la coliflor, el brócoli o las coles de Bruselas. Evítalos por las noches.

887. Un estómago lleno de gas no te permitirá dormir en la noche.

888. Cenar demasiado rápido te hará tragar aire y tendrás problemas digestivos.

889. Cuida la velocidad con la que comes.

890. Evita el consumo de dulces antes de irte a dormir.

891. No bebas alcohol antes de dormir, aunque te duermas rápido tu sueño no será profundo, ya que tu organismo estará tratando de eliminarlo.

892. El alcohol puede provocarte somnolencia al principio pero más tarde perturbará tus patrones de sueño y te estarás despertando constantemente.

893. Una copa de vino con la cena no te hará daño, siempre y cuando no te la tomes justo antes de irte a dormir.

894. Si tienes una reunión social toma un vaso con agua por cada bebida alcohólica que consumas.

895. No tomes más alcohol 3 horas antes de irte a dormir.

896. Evita fumar. La nicotina es un estimulante que hace difícil conciliar el sueño.

897. Evita tomar café a partir de las dos de la tarde.

898. Asegúrate que estés limpio de cafeína durante al menos 12 horas antes de dormirte.

899. No consumas té, chocolate ni refrescos de cola después de medio día.

900. La cafeína no es tu amiga ni te provoca descanso.

901. Cuando despiertes ahí sí, si quieres tómate un café que no esté muy cargado para reducir la somnolencia y ayudarte a levantarte.

902. Evita ingerir somníferos a menos que sean prescritos por un médico.

903. Varios medicamentos están diseñados para dormir, sin embargo no te pueden llevar a etapas más profundas del sueño.

904. Los medicamentos que están actualmente en el mercado sólo mejorarán la cantidad de sueño, no la calidad. Únicamente en raras ocasiones mejoran el sueño.

905. Existen muchos medicamentos para dormir tanto recetados como de venta libre que se pueden tomar para mejorar el sueño. Pero debido a que muchos son adictivos o pueden tener efectos adversos, es conveniente que cambies tu estilo de vida y trates de adquirir técnicas del sueño antes de considerarlos.

906. Los medicamentos para dormir generalmente no se deben tomar más de un par de semanas. Te recomiendo que si padeces insomnio consultes con tu médico. **No te automediques.**

907. Conoce los efectos secundarios de tus medicamentos. Algunos pueden generar somnolencia o dificultad para despertarte al día siguiente.

908. Si tu dieta se compone de una gran cantidad de alimentos con alto contenido de azúcar, experimentarás un aumento de niveles de cortisol.

909. Si tus niveles de cortisol permanecen altos en las horas de la noche, el sueño REM[1] se verá afectado y no te despertarás sintiéndote bien, no importa cuántas horas hayas dormido.

910. El magnesio es un mineral que sirve para relajar los nervios, los músculos y también promueve la circulación sana.

911. Las deficiencias de magnesio se han asociado con varios trastornos del sueño.

912. Los alimentos ricos en magnesio sirven para conciliar el sueño.

913. Los plátanos son una buena fuente de mag-nesio.

914. También lo son los aguacates, las fresas y el melón, así como las verduras de hoja verde: acelgas y espinacas.

915. Los frutos secos y las semillas que contienen magnesio son los anacardos, las almendras, las semillas de cala-baza y de girasol y las nueces.

916. Si quieres comer alimentos con magnesio pon en tu plato frijoles negros, queso de soya, arroz integral, mijo, trigo y sal-vado de avena.

---

[1] Movimiento rápido del ojo. REM por sus siglas en inglés.

917. El potasio es un mineral clave en el cuerpo que ayuda a relajar los músculos y los nervios, así como a promover la circulación y la digestión saludable.

918. Varias investigaciones han demostrado una posible relación genética entre el sueño y el potasio.

919. El sueño de onda lenta, también conocido como delta del sueño, es la fase más profunda de nuestro ciclo de sueño, es el momento en que tenemos nuestro sueño más reparador.

920. Los plátanos también son una gran fuente de potasio.

921. Otros alimentos ricos en potasio son las verduras de hoja verde, los champiñones, los tomates, la coliflor, los frijoles, la lima, la soya, las lentejas y los frijoles pintos.

922. Una hora antes de ir a dormir podemos ingerir una rica comida alta en potasio que incluya proteínas como el salmón o el bacalao.

923. El calcio es un mineral que juega un papel directo en la producción de melatonina, la "hormona del sueño", que ayuda a mantener el ciclo de sueño-vigilia del cuerpo las 24 horas.

924. El calcio, como el magnesio y el potasio, también es un relajante natural en el cuerpo.

925. Los productos lácteos son ricos en calcio y pueden ser una buena opción para tu cena o merienda.

926. Te recomiendo leche de almendras, arroz o coco y leche de soya. Son deliciosas.

927. Hay otros alimentos no lácteos que también están llenos de calcio.

928. Si aún no eres fan del yogur, la leche o el queso, intenta estas opciones para fomentar tu sueño: hojas de nabo, col, espinacas, hojas de mostaza, col rizada.

929. También existen frutos secos y semillas que contienen calcio: las nueces de Brasil, las almendras y las semillas de sésamo.

930. En la noche consume, pavo, plátano, higos, dátiles, atún o mantequilla de maní. Ayudan a dormir.

931. Si despiertas en la madrugada con hambre no vayas al refrigerador por comida ni comas cereales.

932. En la madrugada lo mejor es solamente tomar una taza caliente de té de tila y regresar a la cama.

933. Toma melatonina.

934. La melatonina es la hormona principal del sueño. Por lo general, producimos endógena pero, a veces, la vida se interpone en el camino.

935. Si ese es el caso, tomar melatonina unos 30 a 120 minutos antes de acostarte puede ayudarte a conciliar el sueño. Comienza con pequeñas dosis, de 0,3 mg a 1 mg para empezar y ten cuidado, es una hormona.

936. Siempre deberás consultar a tu médico antes de comenzar a ingerir alguna hormona o medicamento.

937. ¿Sabías que el jugo de cereza agria es rico en melatonina? Bebe un vaso en la mañana y otro 2 horas antes de acostarte para tener dulces sueños. Para obtener el máximo beneficio tómalo a una hora determinada todos los días.

938. La cereza Montmorency es un tipo de cereza agria, su color es claro. Esta cereza es grande porque tiene seis veces más melatonina que la cereza regular.

939. Hay concentrados de jugo de cereza lo cual aumenta la concentración de melatonina aún más. Los puedes encontrar en el supermercado en la sección de congelados.

940. La oxitocina es una hormona que da la sensación de sentirnos amados, por eso se la llama la "hormona del cariño". Se libera cuando sentimos amor, confianza y comodidad. Puede ser aún más poderosa que la serotonina.

941. Si sientes que necesitas más oxitocina trata de pasar más tiempo con tu pareja, tus familiares o tus amigos.

942. Usa tapones para los oídos. Funcionan de maravilla.

943. Si tienes el sueño ligero o eres sensible a los ruidos, los

tapones previenen la reducción y efi-
cacia del sentido del oído y pueden ser
más poderosos que las pastillas para
dormir.

944. El 77% de los adultos mayores que son obesos reportan algún
tipo de problema de sueño.

945. Bajar de peso puede ayudarte a tener un sueño positivo y lograr
despertar cada mañana con mayor energía.

946. Un estudio encontró que las mujeres con sobrepeso después de la menopausia o durante ésta, y que se ejercitan en la
mañana, presentan menos dificultades para conciliar el sueño y
obtienen una mejor calidad de éste que las mujeres que hacen
ejercicio por la noche.

947. El sobrepeso agrava los problemas de ronquidos pero, los ronquidos también pueden obstaculizar los esfuerzos para controlar el peso, además de mermar tu energía para hacer ejercicio.

948. Durante el embarazo las futuras mamás pueden padecer de insomnio.

949. Para eliminarlo pueden dormir sobre el lado izquierdo para mejorar el flujo de sangre y nutrientes para el feto, el útero y los riñones.

950. Deben evitar acostarse boca arriba durante periodos prolongados.

951. Otro consejo para embarazadas: Al dormir deben acostarse sobre su lado izquierdo con las rodillas dobladas y colocar almohadas entre las rodillas, debajo del abdomen y la espalda.

952. Esta práctica alivia la presión sobre la zona lumbar.

953. Las mujeres son más propensas que los hombres a padecer insomnio.

954. Las mujeres empiezan a tener noches de insomnio cuando comienzan a menstruar, cuando están embarazadas o cuando sienten los trastornos de la menopausia.

955. Afortunadamente hay una serie de métodos para mejorar el sueño, incluyendo los que pueden hacer ellas mismas, como el ejercicio o cambios en la dieta.

956. Para todas las mujeres que están a punto de entrar a la menopausia estas recomendaciones les pueden servir:

957. Crea una rutina saludable que incluya alimentos ricos en melatonina y promoción del sueño.

958. Trata de tomar un suplemento de melatonina. No necesitas más de 0.5 mg y debes tomarlo alrededor 2 horas antes de acostarte.

959. Ponte una piyama ligera.

960. Coloca en tu cama sábanas ligeras que absorban la humedad de la piel y la seque rápidamente.

961. Sigue una dieta alta en fibra y baja en grasas de origen vegetal.

962. Se ha demostrado que consumir fibra y reducir la grasa vegetal, reduce los niveles de estrógeno y controla los sofocos.

963. Toma 40 mg de cohosh negro (suplemento de hierbas) al día.

964. Y como siempre, si tienes dudas: ¡pregunta a tu médico!

965. Trata de no beber líquidos al menos dos horas antes del momento de ir a la cama porque una vejiga llena puede interferir con el sueño.

966. Antes de acostarte ve al baño así estarás tranquila toda la noche con la vejiga vacía.

967. Las mascotas son grandes compañeros y pueden ayudar a bajar nuestro estrés pero evita dormir con ellas.

968. El movimiento o ruidos propios de las mascotas pueden disminuir la calidad de tu sueño.

969. La fibromialgia es una condición compleja que implica dolor, fatiga, problemas de sueño y otros síntomas como cambios de humor o depresión y el estrés puede empeorarla.

970. El dolor crónico hace que sea más difícil dormir bien, y la falta de sueño puede hacer que te sientas deprimido.

971. La depresión y el dolor pueden hacer más difícil el hacer ejercicio y desestresarte para conciliar un sueño reparador.

972. Las personas con el Síndrome de Piernas Inquietas (SPI) experimentan sensaciones desagradables en las piernas y a veces en los pies, muslos, brazos y hasta en las manos, lo que hace que sea difícil sentarse o acostarse sin moverse, por lo que es más difícil aún conciliar el sueño.

973. Alrededor del 80% de las personas con SPI experimentan sacudidas en los miembros conocidos como movimientos periódicos de las extremidades del sueño que los despierta. Afecta a una de cada 5 personas con insomnio, dos veces más frecuente en mujeres y aumenta con la edad.

974. El SPI se asocia con un incremento de la incidencia de la enfermedad cardiovascular. Los factores de riesgo más importantes son los antecedentes familiares y la deficiencia de hierro.

975. Una solución es no permanecer sentado por largos periodos. Realizar caminatas frecuentes durante todo el día puede ayudar.

976. Cada día anota lo que estás comiendo, bebiendo y haciendo.

977. El alcohol o el tabaco pueden empeorar los síntomas y lo mismo ocurre con medicamentos para dormir y para el resfriado.

978. También es posible que no se esté recibiendo suficiente hierro o se tengan dificultades para absorberlo, lo que aumenta los síntomas.

979. Si sospechas que puedes tener anemia, incrementa la cantidad de vegetales oscuros como la espinaca y la col rizada. Estos alimentos también son ricos en clorofila, que mejoran el sueño.

980. Otros alimentos ricos en hierro son las carnes rojas, yema de huevo, frutos secos, frijoles, hígado y alcachofas.

981. Los trastornos del movimiento periódico de las extremidades es una enfermedad que consiste en padecer tirones en las extremidades hasta saltar durante el sueño.

982. Los movimientos anormales pueden despertarte varias veces durante la noche, lo que provoca falta de sueño y somnolencia diurna.

983. Si sospechas que puedes padecer este trastorno, existe una prueba llamada polisomnografía, la cual mide el número de tirones de las piernas.

984. Los pacientes con más de cinco sacudidas por hora tienen un problema importante y deberán acudir con un médico especialista en sueño.

985. Las enfermedades nasales pueden interrumpir la comodidad de la vida diaria, los patrones de sueño e, incluso, tu sentido del gusto y olfato. Descongestiónate con una buena solución salina.

986. Cuando salgas de trabajar y vayas camino a tu casa en la tarde y aún haya sol, ponte lentes oscuros polarizados para bloquear su luz.

987. Los lentes polarizados proporcionan una capa adicional de protección contra los rayos UV que provocan la secreción de ciertos neurotransmisores que promueven un estado de vigilia.

988. Recuerda que tu cuerpo debe entrar en la tarde-noche en estado de sueño.

989. Si quieres ayudar a tu cuerpo a obtener horas de sueños, existe una sustancia natural que no crea dependencia, y que es un remedio homeopático de venta libre. Se llama cocculus y está disponible en cualquier tienda de alimentos saludables.

990. Prueba con un par de pastillas disueltas en la boca cada vez que tengas un patrón de sueño interrumpido, cuando se supone que debes estar despierto pero tienes sueño o cuando es hora de dormir pero no tienes sueño.

991. También se puede utilizar para cambiar el horario cuándo se está volando. Toma un par de pastillas antes del despegue y una más al llegar a tu destino mientras que el reloj de tu cuerpo se está ajustando.

992. Los hoteles y balnearios de todo el mundo e incluso discotecas están diseñando paquetes de turismo que atienden a una clientela con falta de sueño.

993. Esta nueva forma de hacer turismo de salud puede ayudarte a resolver tus problemas de sueño.

994. Busca en internet esta nueva manera de vacacionar en salud.

995. En Londres, el Premier Inn ofrece lo que llama un "Paquete de Experiencia del sueño", que está diseñado específicamente para personas que sufren de insomnio. Incluye la consulta privada con un experto en sueño, masaje, aromaterapia, herramientas y monitoreo del sueño durante la noche. Además de un servicio de habitaciones tradicionales, el hotel ofrece a sus clientes un "menú de almohadas" lo que puedes encontrar también ya en varios hoteles de las grandes cadenas. Solicita la apropiada para ti.

996. Una buena almohada facilita el sueño y te permite descansar mejor.

997. El Grand Resort Bad Ragaz en Suiza ofrece una escapada que se llama "Diagnóstico del sueño en un ambiente de 5 estrellas". Durante su estancia los huéspedes reciben un examen físico y la consulta médica, incluyendo el peso y el índice de masa corporal (IMC) .Durante la noche los huéspedes tienen el sueño controlado por electroencefalografía (EEG) y grabado en video para poder analizar sus hábitos de sueño.

998. En París, el Hotel Gabriel Paris Marais dispone de habitaciones equipadas con un sistema de luz y sonido diseñado para ayudar a los huéspedes a que se queden dormidos y permanezcan dormidos.

999. París es también el hogar del Zen Bar a Sieste. Es el primer bar de Europa que ofrece a sus clientes la oportunidad de comprar tiempo de sueño en sillas de gravedad cero o camas de masaje.

1000. Duerme bien, duerme con calidad y duerme la cantidad necesaria para mantenerte sano y en bien-estar. ¡Descansa!

1001. Sigue uno a uno todos mis tips para lograr estar en el camino del ¡BIEN-ESTAR!

Diego Di Marco

Exitoso presentador de televisión, *Life and Style Coach* y autor de los Best Sellers "Detén el tiempo" y "El abc para rejuvencer" (ambos de Ediciones Urano).

Es un icono importante en la televisión mexicana y el mercado hispano en Estados Unidos debido a su arduo trabajo en pro de la salud y el bienestar. Es portavoz de "Elige estar bien contigo 2013", una campaña de Grupo Televisa enfocada a la salud y el cuidado personal. Presenta cada mañana con éxito la sección de Salud-Bienestar en el **Programa Hoy** del Canal de las Estrellas que es trasmitido por Televisa y Univision y participa en la sección del salud del programa "Por el placer de vivir" del Dr. Cesar Lozano, por radio MVS-EXA FM. Escribe una columna de bienestar y estilo de vida en el periódico Huffington Post en Español que se distribuye en Estados Unidos.

Con bases solidas, Diego cuenta con certificaciones como miembro activo y congresista de la Academia Americana de Medicina Anti-edad (A4M), de la Sociedad Mundial de Medicina Anti-edad (WOSAAM) y de IFM (Institute for Functional Medicine), junto a certificaciones en diferentes sistemas de entrenamientos funcionales para adultos y niños. En 2013, crea y lanza su propio sistema de entrenamiento y estilo de vida llamado Back to Basics.

Contáctalo:

info@diegodimarco.com

Facebook diegodimarcotv

Twitter @diegodimarcos